UNA GLORIOSA LIBERTAD

UNA GLORIOSA LIBERTAD

VIDAS EXTRAORDINARIAS DE MUJERES DE MÁS DE 40

LISA CONGDON

TRADUCCIÓN: VÍCTOR URIBE

V&R
EDITORAS

Dedicado a todas las flores tardías.

Título original: *A glorious freedom. Older women leading extraordinary lives*
Dirección editorial: Marcela Luza
Edición: Margarita Guglielmini con Erika Wrede
Armado: Cecilia Aranda

First published in English by Chronicle Books LLC, San Francisco, California.

© 2019 V&R Editoras S.A. • www.vreditoras.com

Argentina: San Martín 969 piso 10 (C1004AAS) Buenos Aires
Tel./Fax: (54-11) 5352-9444 y rotativas • e-mail: editorial@vreditoras.com

México: Dakota 274, Colonia Nápoles
CP 03810 - Del. Benito Juárez, Ciudad de México
Tel./Fax: (52-55) 5220-6620/6621 • 01800-543-4995
e-mail: editoras@vergarariba.com.mx

ISBN 978-987-747-468-8

Impreso en China. Printed in China
Enero de 2019

Congdon, Lisa
Una gloriosa libertad / Lisa Congdon - 1a ed. - Ciudad
Autónoma de Buenos Aires: V&R, 2019.
152 p.; 23 x 19 cm.

Traducción de: Víctor Uribe.
ISBN 978-987-747-468-8

1. Mujeres. 2. Biografías. I. Uribe, Víctor, trad. II. Título.
CDD 920.72

¡TU OPINIÓN ES IMPORTANTE!

Escríbenos un e-mail a
miopinion@vreditoras.com
con el título de este libro en el "Asunto".

Conócenos mejor en: **www.vreditoras.com**
f **facebook.com/vreditoras**

ÍNDICE

INTRODUCCIÓN
por Lisa Congdon

7

INTRODUCCIÓN

por

Lisa Congdon

"La edad me ha dado lo que estuve buscando toda mi vida: me ha dado a mí misma. Me ha brindado tiempo y experiencia, fracasos y triunfos, y amigos que han pasado la prueba del tiempo y me han ayudado a asumir mi forma actual. Ahora quepo en mí. Por fin tengo una vida orgánica, y no necesariamente la que otros habían imaginado para mí, o que intentaron que llevara. Tengo la vida que anhelaba. Me he convertido en la mujer que ni siquiera imaginaba que podría llegar a ser".

–Anne Lamott

El libro que tienes en tus manos trata sobre las mujeres; es acerca de las mujeres que florecen cuando tienen más de 40 años.

Puede que te preguntes: *¿para qué hacer un libro como este? ¿Por qué merecen celebrarse las vidas de mujeres mayores?*

Lo que despertó mi interés en el tema fue el camino que siguió mi propia vida. Yo misma me describo como una flor tardía. El año en que se publicó este libro cumplí 49 años de edad. Soy artista de profesión, ilustradora y escritora. No comencé a dibujar o a pintar hasta que tenía 31 años. Mi carrera como ilustradora la inicié al cumplir 40; a los 42, empecé a escribir con regularidad, y a los 44 publiqué mi primer libro.

Me casé a los 45 años. Acabo de publicar mi séptima obra, y la octava sale el año entrante.

Cada año que pasa me vuelvo más valiente, más fuerte y más libre. Para mí, madurar ha sido un proceso inmensamente gratificante y liberador. Soy una persona mucho más amable con los demás de lo que nunca fui y también le doy mucho menos importancia a lo que la gente piense de mí. Soy más decidida y trabajo más duro que cuando era joven y, asimismo, valoro que mi ética laboral me alegre la vida como no me ocurría antes. Me siento más segura y más vulnerable en igual medida. Pasados los años de sufrir debido a una fuerte inseguridad y temor, la sabiduría que acompaña a la edad me ha enseñado la importancia de la valentía y que mi propio camino es justamente eso: un camino único. Envejecer, como Anne Lamott señaló con tanta elocuencia, me ha conducido hacia mí.

En un esfuerzo por expresar lo que sentía al respecto, en 2014 escribí un breve ensayo acerca del proceso de madurar y lo publiqué en mi blog. Pronto, el texto lo compartieron miles de personas en Internet por medio de mi blog y de las redes sociales. A pesar de que cuento con una cantidad aceptable de seguidores en redes, no soy una celebridad ni una bloguera de tiempo completo, por lo cual resultó extraordinaria la atención que recibió el ensayo. Me di cuenta de que si el asunto de envejecer y desarrollarse resonaba con tal fuerza entre tantas mujeres, entonces debía explorarlo más a fondo.

Por supuesto, esa fue la semilla de la cual nació este libro. Desde hace tiempo que admiro a las mujeres famosas que florecen de forma tardía y las he considerado mis modelos a seguir desde que cumplí 30 años. Ya tenía algunas ideas de las figuras que deseaba incluir en esta obra. Pero también utilicé el poder de las redes sociales para hacerme de más nombres y contactos. Comencé el proceso de este libro recurriendo a mi comunidad de Internet (a mis seguidores y lectores) para pedirles algo muy sencillo, que me ayudaran a encontrar a mujeres que conozcan o admiren y que sean el ejemplo de una madurez audaz e intrépida, como artistas, escritoras, atletas, científicas, activistas, pensadoras, diseñadoras y feministas mayores de 40 años, que asuman abiertamente los aspectos positivos de envejecer: la sabiduría, la resiliencia emocional, la ética de trabajo y de juego, la lucidez y el sentido del humor que acompañan a la edad.

Les pedí a mis seguidores que me ayudaran a identificar a mujeres que fueran flores tardías, que llegaron a la cima de sus carreras más tarde en su vida o que hicieron una apuesta osada para vivir de maneras interesantes después de los 40 años.

La respuesta fue sorprendente. Recibí correos de muchísimos hombres y mujeres alrededor del mundo con toda clase de propuestas: extensas listas de personalidades a quienes me sugerían reseñar o entrevistar, junto con ensayos relacionados con el proceso de envejecimiento, sus dificultades y victorias. De hecho, la respuesta a mis llamadas telefónicas fue tan asombrosa que literalmente me sentí abrumada al pensar cómo abarcar el potencial del libro. Firmé contrato con la editorial Chronicle Books para desarrollar un libro de 152 páginas, pero estaba absolutamente segura de que contaba con suficiente material como para publicar una obra que tuviera cinco veces esa extensión.

Seleccioné lo mejor del material que recibí, para investigar y escribir acerca de las mujeres a las que admiro, para buscar a las heroínas de carne y hueso a quienes quería entrevistar, y para examinar con cuidado los incontables ensayos que me propusieron para el libro, con la finalidad de que cupieran en el formato que tienes en tus manos.

A lo largo de la historia y en las distintas culturas, a las mujeres se les ha dicho que guarden silencio, que se queden quietas, se repriman y no brillen. Además, ellas mismas tradicionalmente han considerado que su capacidad para complacer a los demás —en lugar de seguir sus propios sueños y deseos— es una de sus mayores fortalezas.

Asimismo, durante muchas generaciones, a las mujeres se les ha dicho que una vez que llegan a la mediana edad, ya perdieron su oportunidad de alcanzar la gloria.

En la actualidad, resulta muy emocionante presenciar la resiliencia y la valentía que han demostrado las mujeres, en especial la creciente población de veteranas, que han desafiado y redefinido estas visiones añejas. Vivimos en una época en la que cada vez más mujeres comienzan a vivir al máximo, persiguiendo sus propios deseos y sueños, para ser ellas mismas, para vivir plenamente o tomar un segundo aire luego de que sus hijos se van de casa, que sus compañeros ya no están con ellas o que sus carreras previas dejaron de ser significativas.

En el libro se reseña a varias mujeres que nos allanaron el terreno, como Katherine Johnson, Louise Bourgeois, Julia Child, entre otras, quienes hace tiempo desafiaron la visión de lo que se suponía que era una mujer madura. Muchas de ellas descubrieron en etapas posteriores pasiones y talentos ocultos, o tuvieron en la vejez el momento más emocionante y fructífero de sus carreras. Sin duda, son ejemplos a seguir, pues imaginaron en qué podían convertirse nuestras vidas. El libro también nos cuenta las historias de mujeres extraordinarias que en la actualidad están reinventando lo que significa llegar a la madurez; mujeres que están derribando barreras y que logran hazañas atléticas con éxito, o que están realizando su mejor trabajo a los 60, 70 u 80 años.

La primera vez que pedí sugerencias para llevar a cabo el libro, recibí algunos e-mails y comentarios en Internet de mujeres mayores para quienes, de hecho, envejecer no era algo que disfrutaran o que les pareciera interesante; la aparición de problemas de salud no era nada divertida, además de que la muerte de sus seres queridos formaba parte de sus vidas. Dichos puntos de vista son reales, y no tengo intención de proponer una versión ilusa y optimista acerca del envejecimiento femenino. Los cambios en el cuerpo, las variaciones que ocurren en el cerebro y la experiencia de perder a nuestros seres queridos son situaciones muy reales (y a menudo muy dolorosas) que acompañan el envejecimiento, y nadie escapa de ellas. Sin embargo, espero que podamos apreciar en estas historias el tremendo potencial de valentía, un punto de vista distinto, crecimiento espiritual y humanidad que suelen surgir a partir de estos conflictos. Mi intención es brindar esperanza a las mujeres maduras (o que temen envejecer), señalando que, si bien es probable que crezca aún más la lista de efectos secundarios desagradables, lo mismo ocurre con nuestra capacidad para amar, sentir compasión, tener actos de valentía, mostrarnos vulnerables y ser creativas.

Voy en este camino —todas vamos en él—, acercándonos a los 50, 60, 70, 80 o 90 años, mientras nuestro cabello encanece, las arrugas crecen, las experiencias se acumulan, la comprensión aumentta y la alegría abunda.
Sin importar su edad o su sexo, espero que este libro inspire a cada uno de ustedes para vivir con valentía y plenitud, y que utilicen su experiencia como su herramienta más poderosa para construir la mejor vida posible.

LA OLA

por

Caroline Paul

Un día decidí que quería ser buena surfeando. Tenía 49 años.

Quizás no era el mejor uso que le podía dar a mi tiempo, a mi energía, a mi ego. Pero qué diablos. Me encantaba que las olas me zarandearan y adoraba que los delfines se cruzaran a menudo en mi trayecto. Me fascinaban los pelícanos que se arrojaban hacia la ola que llegaba para atrapar a su presa, a milímetros del agua, gráciles, apacibles. ¿Había lástima o desinterés en la mirada que me dirigían al pasar, mientras yo intentaba levantarme a trompicones en la tabla?

Y amaba el surf como tal, esos pocos segundos que conseguía hacer la transición de estar tendida boca abajo a pararme, sintiendo que la tabla avanzaba.

Había algunas situaciones en mi contra, circunstancias de mi edad avanzada que no ayudaban: la rigidez de las rodillas, como resultado de casi diez cirugías cuando era joven, y un tobillo sin buena movilidad por causa de un accidente. También temía que al llegar a mi quinta década terminara renqueando y lisiada, como una octogenaria.

Así que no era broma la promesa de mejorar en el surf. Más bien, era un grito de guerra contra mi cuerpo lesionado. Luego de cada cirugía venía un anticipo de cómo sería la vida a una edad avanzada: los catéteres, los movimientos lentos, el quejido que dejaba escapar al maniobrar para sentarme en el asiento delantero del auto. Sin embargo, se trataba de algo más que las limitaciones físicas. Era la sensación de fragilidad, como si me fuera a desplomar al menor movimiento y a quedar hecha añicos.

Por otro lado, no hay experiencia más robusta que enfrentar las enormes olas en el agua a diez grados centígrados de temperatura. Ni siquiera tenía que atrapar algo, bastaba con estar ahí.

El plan: cuatro días al mes me trasladaría a una casa cerca de una playa aislada, ideal para surfear, en el norte de California. Dejaría atrás a Wendy, mi compañera, la señal del teléfono móvil y mi orgullo. Llevaría conmigo mi trabajo, a mi perro y la disposición para que las olas me dieran una paliza.

Había reglas: adentrarme en casi cualquier lugar; permanecer por lo menos media hora en el agua; llegar a la playa con mi traje de neopreno puesto. Este último mandamiento fue el que le resultó más extraño a la mayoría de los surfistas, pues descubrí que la parte más ardua de este deporte, de hecho, era meterse al agua, por lo cual debía eliminar cualquier obstáculo, en especial si había que forcejear semidesnuda con el traje de neopreno en una mañana fría. Por lo tanto, me ponía el traje en casa, en la cochera, y luego conducía a la playa. Era una gran idea, hasta el día en que me encontré con un accidente en la autopista. Caminé por los carriles centrales luciendo como Batman. Miré dentro de los automóviles que habían chocado para ofrecerles ayuda, pero terminé asustando a la mayoría de los ocupantes.

De hecho, me adentré casi en donde fuera. Solo en contadas ocasiones regresé pesarosamente a mi auto, con el cabello seco y sin sal. En una ocasión no hubo ni una ola. En otra, me topé con tres kayakistas de mar que salían a la orilla. Un gran tiburón blanco había atacado una de las embarcaciones. Con los ojos bien abiertos y el rostro pálido, hablaban en voz muy alta entre ellos, como si estuvieran subastando algo. Escuché la historia. Quedé maravillada por las marcas de los dientes en el plástico. Después, en un gesto que la mayoría de la gente ajena al surf no entendería, continué de todas formas hacia el sitio. Observé las olas durante un rato. No eran muy buenas. Decidí no aventurarme. No lo valía.

"¿Qué olas hubieran valido la pena?", me preguntó Wendy más tarde, consternada.

Cuando no surfeaba, estaba practicando. Comencé a practicar yoga, inventé una extraña rutina de saltos en el gimnasio y veía videos de surf. Así cumplí 50 años.

La verdad acerca de las mujeres mayores es la siguiente: nos volvemos invisibles. El barista te ignora cuando ordenas tu café. La adolescente que por poco te pega con su patineta ni siquiera voltea su cabeza sin casco para verte. Seas heterosexual o gay, no obtienes respuesta cuando empleas tus métodos comprobados de coqueteo; la cabeza de lado y la sonrisa sutil fracasan, la mirada penetrante luce siniestra y la risita tonta parece síntoma de una mala dosis de medicamentos.

Las edades varían, pero a mí me ocurrió cerca de esta época. Recuerdo el momento. El cajero de la tienda nunca me miró a los ojos y ni siquiera pareció darse cuenta de que había una humana enfrente. Más bien, le preguntó a la esquina del mostrador si había traído su propia bolsa y al anaquel lleno de caramelos si quería recibo. Por fin entendí a qué se refería mi madre.

Al principio, quedé algo aturdida. Oficialmente, ahora carecía de valor para la sociedad. Pero esta es la cuestión: la invisibilidad es un superpoder, en especial si eres surfista.

Así que cuando la gente llegaba al sitio a surfear no me prestaba mucha atención. Si lo hacían, en su mayoría les provocaba lástima. Así que me dejaban tomar las olas que por derecho les pertenecían. Aparecía y desaparecía de sus conciencias, dependiendo de qué tanto los distrajeran las condiciones. Quedé a expensas de mi propia curva de aprendizaje, por lo que podía sufrir en paz mis pequeñas humillaciones. Esto supuso que muchas veces quedé hecha polvo y que a menudo terminé "atrapada dentro", es decir, que las olas que llegaban me caían encima como esos pianos gigantes de los dibujos animados. Después de una de esas sesiones, salí tambaleándome a la orilla, escupiendo agua salada por la boca, quitándomela de los ojos y viendo cómo me chorreaba de la nariz, cuando se me acercó un surfista. Tenía las cejas arqueadas y en su boca se dibujaba media sonrisa. Había estado observándome, y dijo que no podía creer que no me hubiera rendido, sino que en lugar de eso siguiera braceando para lograr pasar el punto de quiebre de la ola (y que finalmente lo conseguí). "Sí, soy muy mala en este deporte", confesé, dirigiéndole una sonrisa tímida. ¿A dónde se había ido mi escudo invisible? Entonces caí en la cuenta: a esa distancia creyó que era un hombre.

"Bueno, yo tampoco habría dejado de intentarlo", respondió. Había admiración en su voz.

Mejoré como surfista. No era buena, claro está, pero progresé. Disfruté cada pequeño avance. Porque estas son las bendiciones de ser mayor: hay poco que demostrar, y una es (mayormente) invisible.

Es una gloriosa libertad.

Así que nadie lo notaba más que yo: el mes anterior, conseguí levantarme rápidamente. Este mes, me sostuve más tiempo. ¿El mes que viene, lograré dar un giro? ¿Saldré airosa de la ola? No importaba. Lo único valioso era que estaba ahí, con una búsqueda incierta urgiéndome a continuar, con aquellos interminables errores y los breves momentos de gloria que la mayoría no veía, pero que yo celebraba.

Caroline Paul es la autora de *Fighting Fire*, una autobiografía acerca de su vida como bombera en San Francisco; de la novela histórica *East Wind, Rain*, basada en hechos reales que ocurrieron en la Segunda Guerra Mundial; la biografía ilustrada *¿Qué hace mi gato cuando no estoy?*, considerada una de las mejores biografías de 2013 por la página *Brain Pickings*; y del best seller de *The New York Times*, *The Gutsy Girl: Escapades for your Life of Epic Adventure*, cuyo objetivo es inspirar y alentar la valentía en las chicas.

Beatrice Wood llevó una animada vida bohemia dentro del movimiento artístico de vanguardia antes de descubrir su pasión por la cerámica. La mayor parte de su obra la produjo durante los últimos veinticinco años de su larga vida.

Beatrice nació en San Francisco en 1893 y gozó de una niñez rodeada de arte, viajes y cultura, pero desde pequeña mostró un carácter rebelde e inquieto. Tras rechazar los planes de su madre de presentarla en sociedad, la joven se marchó a Europa para estudiar pintura y actuación. Ante el advenimiento de la Primera Guerra Mundial, sus padres insistieron en que regresara a Estados Unidos, por lo que terminó adentrándose en la cultura bohemia de Nueva York. Conoció al escritor Henri-Pierre Roché y al artista Marcel Duchamp, y los tres crearon la revista dadaísta *The Blind Man*. Beatrice fue conocida como "Mamá Dada", por la relación y el apoyo que daba a los artistas de vanguardia. En los años 20 se interesó en el movimiento teosófico y comenzó a seguir al sabio de la India Jiddu Krishnamurti, acompañándolo a California.

Durante su estancia en el sur de California en la década de 1930, a Beatrice la frustró no poder encontrar una tetera que hiciera juego con la loza que había traído de Holanda, así que se inscribió en un curso de cerámica para realizar sus propias piezas. Al principio creía que no estaba destinada a trabajar con sus manos, pero perseveró y terminó enamorándose del oficio. Cuando estaba llegando a sus 50 años, estudió técnicas de alfarería y desarrolló un estilo libre y expresivo con el que creó tanto vasijas tradicionales como esculturas de figuras primitivas. Inauguró un estudio en Ojai, California, cerca de donde se encontraba Krishnamurti, su guía espiritual, y continúo perfeccionando el oficio y su estilo propio de esmaltado. Pronto, ella comenzó a llamar la atención de las galerías y los coleccionistas.

Beatrice continuó ideando y trabajando en nuevos métodos, y a los 90 años creó parte de su obra escultórica más elaborada, además de escribir su autobiografía, *I Shock Myself*. Siguió trabajando casi a diario hasta su muerte en 1998, a los 105 años.

Jennifer Hayden conoció las novelas gráficas a los 43 años de edad, más o menos en la misma época en la que se le diagnosticó cáncer de mama. Luego de dos décadas de escribir obras de ficción y libros ilustrados para niños, Jennifer decidió que quería hacer historietas. Su primer libro, que reunía la colección autobiográfica _Underwire_, se publicó en 2011 y posteriormente aparecieron fragmentos en la edición 2013 de _The Best American Comics_. Jennifer publicó en 2015 su primera novela gráfica, una autobiografía de 352 páginas acerca de su vida y su experiencia con el cáncer. Con el acertado título de _La historia de mis tetas_, el libro fue considerado una de las mejores obras gráficas del año por _The New York Times_, _NPR_, _Forbes_ y _Library Journal_, entre otras publicaciones. Las historietas de Jennifer, llenas de agallas y sentido del humor, han aparecido en _The ACT-I-VATE Primer_, _Cousin Corinne's Reminder_ y _The Strumpet_. Con 55 años, actualmente está por terminar un diario gráfico que abarca sus aprendizajes de los últimos tres años y medio, junto con una nueva novela gráfica de ficción.

Lisa: Cuéntanos acerca del inicio de tu viaje creativo.

Jennifer: Desde el principio dibujaba y escribía. Siempre hice ambas cosas y nunca me pregunté a cuál me iba a dedicar, hasta que salí de la universidad. Me especialicé en Historia del Arte, pero estudié Filología Inglesa como asignatura secundaria por mi cuenta. Me llenaba de libros porque quería ser escritora, pero en caso de dedicarme al arte, entonces escribiría sobre la materia. Esta siempre fue una guerra interna mientras aprendía ambas formas artísticas. Después de graduarme de la universidad traté de convertirme en la siguiente gran novelista estadounidense, pero resultó que era malísima. Escribí tres novelas verdaderamente largas y muy malas; incluso me gané una beca por el primer capítulo de una de ellas, pero el libro nunca

dio resultado. Así que en la época en la que tuve a mis hijos, era una novelista decepcionada y anhelaba retomar el dibujo. Comencé a ilustrar cualquier cosa que me cayera en las manos, y luego eso me llevó a los libros para niños. Mi problema era que esa comunidad era muy cuidadosa con el lenguaje y yo soy muy mal hablada. Era como una marinera yendo a la iglesia. Y de pronto, me encontraba ilustrando un libro infantil cuando me diagnosticaron cáncer de mama.

Lisa: Y eso se convirtió en el inicio de un nuevo capítulo en tu vida.

Jennifer: Tenía 43 años. El mundo se derrumbó estrepitosamente a mi alrededor, pero descubrí las historietas. Las leía de niña, pero más tarde conocí las novelas gráficas, que realmente habían adquirido madurez y eran interesantes. Aunque no lo creas, un artículo de *The New York Times* fue el que me llevó a ellas. Primero leí todos los libros hechos por mujeres que mencionaba el artículo, pero luego me diversifiqué y no podía dejar de leerlos; fue cuando me dije: *Esto es lo que debería hacer. Se trata de dibujar y escribir.* Sabía que quería contarles mi historia del cáncer de mama a otras mujeres que estuvieran por pasar o que hubiesen atravesado lo mismo. En el proceso, me di cuenta de que, más bien, quería extenderme y que fuera mi biografía, en la cual la historia de cómo sobreviví el cáncer sería solo una parte. Me di un año para leer las mejores novelas gráficas que pudiera encontrar; si una no me gustaba, la arrojaba por la ventana. Después me obligué a sentarme y a comenzar, sin saber qué dirección tomar o cómo la iba a hacer.

Lisa: ¿Cómo fue tu proceso?

Jennifer: Lo hice de la única manera en la que se me ocurrió; tomé el formato de Lynda Barry (recientemente tuve la oportunidad de confesarle que lo hice, tras lo cual ella me abrazó y me dijo: "¡Por supuesto! ¡No hay malditos derechos de autor para esa tontería! ¡Adelante!", y realmente eso me ayudó a sentirme mejor), porque acababa de decidir que no importaba el formato. Solo me importaba comenzar y saber qué era lo que quería decir. En cuanto tienes el formato, dejas que el material salga solo, como cuando aprietas el tubo de la pasta de dientes. Así que tomé prestado el formato y luego decidí de qué tamaño quería que fueran los recuadros. Aunque fuera principiante, no iba a

estropear la composición de la página. Dibujé un pequeño cuadro de cartón y lo recorté para usarlo como plantilla. Dibujé una viñeta a la vez, en lugar de página por página, como hace la mayoría de los artistas, porque me cuesta trabajo repetir a los personajes. Luego editaba las páginas usando Photoshop, tras escanear los paneles individuales.

Curiosamente, a pesar de que me había dedicado bastante a la escritura, esa fue la parte que me resultó más difícil. Temía caer en los malos hábitos que tuve cuando intenté escribir novelas: era muy cohibida, torpe y casi nunca sonaba como yo. Pero esta vez no fue así y sentí un gran alivio. Siempre tenía una libreta cerca para decidir qué parte de la narración iría en la viñeta; la escribía y la reescribía antes en el cuaderno hasta que sonaba bien, y luego la anotaba con el bolígrafo en la viñeta.

Lisa: De inicio a fin, ¿cuánto tiempo te tomó terminar el libro?

Jennifer: Bueno, trabajé en muchas cosas más mientas lo hacía, así que me tomó ocho años. Lo terminé cuando tenía 52.

Lisa: ¿Tenías editorial cuando comenzaste el proyecto o la encontraste después?

Jennifer: La encontré más tarde. Tienes que entender que soy una persona muy poco práctica. Cuando sobreviví al cáncer de mama, me deshice de bastantes cosas, y una de ellas fue renunciar a mi empleo como ilustradora. Me di cuenta de que no sabía cuánto tiempo me quedaba y, justamente por eso, no me iba a andar con juegos. No me iba a dedicar a nada que no fuera completamente mío y que me naciera del corazón, y eso incluía las palabras, las imágenes, la cantidad de páginas, lo que iba a incluir en mi historia, arriesgándome a publicar el material por mi cuenta o, directamente, a que no se editara. Pero era mi libro y lo iba a hacer a mi manera. En realidad, así fue cómo escogí a mi editorial y cómo ellos me eligieron a mí.

Mi editorial, Top Shelf, es famosa por publicar libros verdaderamente sinceros y maravillosos, y en buena medida eso se debe a que les dan una gran libertad a sus artistas y les permiten hacer lo que quieran. Me rechazaron como cuatro o cinco veces. Comencé a ir a convenciones, porque los editores asisten a ellas y uno puede ir a hablar directamente con ellos. Me acerqué a uno y le dije: "Sabes, tengo dos hijos, sigo ilustrando libros infantiles y el proceso ha sido algo lento, pero esto es lo que quiero hacer". Y él me respondió: "¡Vaya, parece interesante! Sigue trayendo tus propuestas y ya veremos". Al final, cuando logré reunir noventa páginas, me respondió: "Muy bien, esto es lo que queremos. Vamos a firmar el contrato". Durante cinco años, no le mostré el material a nadie más. Lo hice sola y él no me pidió nada a cambio.

Lisa: Creo que así es cómo empiezan cada vez más personas, en especial las autodidactas que no están relacionadas con una industria. Son muy perseverantes al trabajar en algo en lo que creen firmemente.

Jennifer: Irónicamente, he ganado más dinero con este libro que con cualquier otro proyecto que haya hecho; tenía la sensación de que debía exponer mi corazón y mostrárselo a la gente para conseguir algo en la vida. Me alegra que sea cierto, aunque requiere mucho trabajo interno. Pero si crees que puedes tomar atajos para evitarlo, no es así. Por suerte, me ocurrió algo que de verdad me afectó profundamente y, en cierta manera, fue más fácil.

Lisa: Cuando publicaste este libro tenías más de 50 años y apenas empezabas; esta fue tu primera novela. Las historietas y las novelas gráficas son un género predominantemente masculino, aunque no faltan muchas mujeres extraordinarias que han adquirido fama en los últimos diez años. ¿Has enfrentado algún obstáculo debido a tu edad y tu sexo? Y si fue así, ¿cómo lo resolviste?

Jennifer: Cuando tengo presentaciones, sin duda me miran como diciendo: "¿Vienes a acompañar a tu hijo? ¿Qué haces aquí? ¿Eres la mamá de alguien?". Ese es mi único problema. Creo que las mujeres tienen muchas más dificultades con los hombres en la lucrativa industria de las historietas de superhéroes. Hay conductas arraigadas que por fin se están erradicando, como el sexismo, la discriminación y el acoso, y otras cosas bastante desagradables que ocurren. Pero en el mundo de las historietas independientes no me ha tocado verlo. Existen muchísimas mujeres realmente talentosas en este sector y han hecho un gran trabajo. Y los hombres no se la pasan sentados diciéndoles que no saben cómo hacer las cosas.

Cuando me metí en esto formé parte de ACT-I-VATE, un estudio con sede en Brooklyn. Solíamos tener presentaciones y otras actividades, como en la Comic Con de Nueva York, además de otras convenciones. Me sentía tan feliz en este ambiente, pues es tan libre y acogedor, que en realidad no tuve que lidiar con ninguna estupidez de los hombres, salvo con los jóvenes que no podían entender qué hacía esta vieja bruja en la mesa de presentadores.

Siempre que acudía a estos paneles estaba impaciente por decirles: "Chicos, aún les falta vivir el material que anhelan crear, que quieren escribir, pero yo ya lo viví. Cuando lleguen a mi edad tendrán esa experiencia, y entonces verán la diferencia". Invariablemente lo imagino como si estuviera dentro de una caverna en el oeste, y los muros de dichas cuevas que los ríos labraron son tan maravillosas, en las que se ven las franjas de los distintos tipos de roca; y entre más envejeces, más desciendes en la caverna y notas que tu vida ha cavado más hondo en la roca. Puedes observar los patrones y decirte: *Vaya, mira eso. Oh, ya veo lo que estaba haciendo ahí, era una locura. Ah, habías querido hacer esto toda tu vida*, y es muy satisfactorio estar ahí y darte cuenta.

En mis 20 terminé muy frustrada cuando quise escribir un libro enorme y no tenía algo que decir, y con algo me refiero a nada. Simplemente no había vivido aún ni me había abierto; en esencia, la vida no había penetrado en mí ni había roto mi caparazón. Si me sentía amenazada por encontrarme arrugas y algunas canas, y si no estaba en forma como esas lindas y delgadas hípsters, sencillamente me decía: *Lo único que importa es lo que está en la página. No te preocupes por eso sino por tu proyecto, por terminarlo, por mostrarlo y ver qué pasa.* Y eso era lo que me daba fuerzas.

Lisa: Entonces, consideras que tu trabajo ahora tiene algo que no habrías conseguido si hubieras entrado en esto a los 20 o 30 años. ¿A qué se debe?

Jennifer: Mi énfasis siempre lo he puesto en qué tanta vida le puedo dar a la página. Si eres muy crítica o estás demasiado obsesionada con la técnica y su tradición, entonces va a ser muy difícil conseguirlo. Sé que a mis 20 y 30 años reprimí hasta el cansancio esa parte vital en mí. En aquellos días era muy severa con mi propio trabajo, y sé que si en ese momento hubiera entrado al mundo del cómic, lo habría estropeado tanto como lo hice con la escritura.

Después tuve hijos. Esa es una gran manera de deshacerte de tu dignidad. Además, a todos nos vuelve muy democráticos y nos hace percatarnos de que, a pesar de todas nuestras fallas, tenemos lo que hace falta para resolver las cosas; eso da una buena inyección de confianza y ayuda a canalizar la creatividad.

Y, sin duda, también me ayudó haber padecido cáncer de mama. Algún entrevistador

me preguntó si este libro habría existido sin la enfermedad; le respondí que no. Esa experiencia vino a rematar lo que me faltaba hacer con mi dignidad, mi autocontrol y con mi censor interno. Mandé completamente todo al diablo y me dije: *Voy a hacer esto al desnudo.* El resto dejó de importarme. Esa es una parte de la velocidad y del torbellino de distracciones que ocurren en la mediana edad. Estoy segura de que mi ansiedad y mi trastorno por déficit de atención e hiperactividad disminuyeron con el tiempo; y conforme aumentaban las exigencias —dos hijos, las mascotas, la gente a mi alrededor, mis padres envejeciendo—, eso también me presionaba y me obligaba a aterrizar lo que estuviera haciendo y lo que quería hacer. Ya no hay tiempo para escribir durante el día y arrojarlo todo a la basura, como solía hacer cuando tenía 20.

Lisa: ¿Qué consejo les darías a las mujeres que empiezan a enfrentar un nuevo desafío en un momento avanzado de su vida?

Jennifer: Es curioso, leí una cita en la revista *More*, lo cual ya es vergonzoso, que dice que la mayoría de las mujeres de la mediana edad regresan a la escuela para adquirir conocimientos, creyendo que no saben lo suficiente como para iniciar su propio negocio, escribir una novela o lo que sea. El consejo de la mujer era: "No lo hagan. Ya saben de qué se trata, solo háganlo". El comentario verdaderamente tocó una fibra sensible en mí porque yo tenía esa actitud. Pensé que se debía al cáncer de mama, pero tras prestar atención luego de un tiempo, me percaté de que muchas mujeres a esa edad tienen la misma actitud que yo, de decir: *¿Sabes qué? Al diablo con esto. No me voy a meter a una escuela patriarcal para aprender lo que hacen los hombres blancos. Simplemente voy a actuar.* Buena parte de mi libro y de mi experiencia con el cáncer de mama se relacionaban con el apego que formé con la imagen de una diosa. Si soy sincera, y completamente rara al respecto, sentía que ella me estaba dictando el libro. Experimentaba una gran seguridad con lo que expresaba en el papel porque sentía su aprobación y ánimo, y era algo que tenía muy internalizado y profundo. Acabo de leer el libro de Sue Monk Kidd, *The Dance of the Dissident Daughter*, en el que comparte cómo descubrió lo sagrado femenino dentro de ella, luego de haber recibido una educación muy masculina en la iglesia bautista. Mi familia me educó en el feminismo, así que mi camino fue distinto, pero igualmente puedes terminar reprimiéndote en cualquier cosa que hagas. Así que mi consejo es que solo vayas, te quites la ropa interior y corras a meterte al océano, que lo hagas. Ya sabes lo que tienes, ya sabes qué hacer, así que date prisa y no aflojes el paso.

Vera Wang se dedicó al patinaje artístico y durante quince años fue editora de *Vogue*, antes de que su propia boda, a los 40 años, la lanzara al mundo del diseño de modas y su nombre fuera sinónimo de elegancia matrimonial.

Vera nació en la ciudad de Nueva York en 1949, en el seno de una familia adinerada de inmigrantes provenientes de Shanghái, China. De niña le apasionó el patinaje artístico y dedicó buena parte de su infancia y adolescencia a practicar arduamente y a competir. A los 19 años compitió por un lugar en las Olimpíadas de 1968, pero no logró quedar seleccionada. Tras graduarse de la universidad, Vera llevó a la industria de la moda la atención y dedicación que le dio al patinaje, al ser contratada como asistente en la revista *Vogue*. No tardó en impresionar al equipo editorial y fue ascendiendo hasta convertirse en una de las editoras más jóvenes de dicha publicación. En 1987, después de quince años en la revista, a Vera no la tomaron en cuenta para el puesto de jefa de redacción (cargo que ocupó su amiga Anna Wintour), por lo que dejó la publicación para unirse al equipo de diseño de la compañía Ralph Lauren.

A los pocos años, mientras planeaba su boda, Vera terminó frustrada con la oferta disponible de vestidos de novia. Al identificar la necesidad que había de vestidos sofisticados, abrió su primera boutique en 1990 y comenzó a perfeccionar sus habilidades como diseñadora a sus 40 años. Vera revivió su primera pasión cuando diseñó un conjunto para Nancy Kerrigan, la patinadora artística que compitió en los Juegos Olímpicos de 1994, dándole una silueta estilizada que atrajo la atención de los estadounidenses. La elegancia y modernidad de sus diseños no tardaron en convertirse en la norma, no solo de los atuendos para novias, sino del glamoroso Hollywood, pues comenzó a diseñar vestidos de gala para las actrices y otras celebridades. Durante los últimos veinticinco años su emporio del diseño se ha extendido y ahora incluye colecciones de ropa, fragancias, joyería e incluso vajilla. A los 60 años, Vera continúa dando su toque distintivo a todos sus productos.

Christy Turlington Burns es madre,

emprendedora social, modelo y fundadora de la organización dedicada a la salud materna Every Mother Counts (EMC). Es mejor conocida por ser una de las supermodelos más famosas de la década de los 90, cuando apareció en las portadas de numerosas revistas de moda internacionales, además de figurar en importantes campañas para marcas como Calvin Klein, Chanel, Marc Jacobs, Versace y Maybelline, por mencionar solo algunas. Dos décadas más tarde, a los 41 años de edad, Christy se convirtió en una influyente activista cuando fundó EMC, una organización sin fines de lucro que trabaja incansablemente para mejorar el acceso a los servicios de salud materna en los Estados Unidos y en los países en vías de desarrollo. Desde entonces, Christy ha producido tres películas documentales relacionadas con el tema y se ha convertido en una ávida corredora de larga distancia, que ha concluido cinco maratones. En 2015, a la edad de 47, y con solo cinco años como corredora, logró figurar entre los atletas de élite al calificar para la maratón de Boston. Christy fue reconocida como una de las 100 Personas más influyentes por la revista *Time*, y *Glamour* la consideró la Mujer del año. En marzo de 2016, la revista de negocios *Fast Company* posicionó a EMC como una de las 10 Compañías más innovadoras, entre las organizaciones sin fines de lucro.

Lisa: Iniciaste tu organización EMC a los 41 años. ¿Cómo fue que te interesaste en el tema de la salud materna?

Christy: El parto de mi primera hija fue verdaderamente complicado. En las semanas posteriores, mientras me recuperaba e intentaba descubrir qué había ocurrido, encontré estadísticas alarmantes de las muertes causadas por complicaciones durante el nacimiento en mujeres jóvenes y mayores alrededor del mundo. También me enteré de que la complicación que sufrí, y a la cual sobreviví, era la principal causa de muertes maternas. No podía ignorar esa información, así que comencé a pensar activamente en cómo podía utilizar mi experiencia para ayudar en la maternidad de otras mujeres.

Tuve la suerte de que una gran organización no gubernamental llamada CARE me invitara a viajar a Centroamérica, de donde es originaria mi madre y donde pasé muchos veranos de mi niñez. Cuando fui, estaba embarazada de mi segundo hijo y, de hecho, fue ahí donde tuve mi momento de lucidez: *¿Qué habría pasado si hubiera tenido a mi hija en uno de estos pueblos que ni siquiera tienen calles pavimentadas?* Estaba segura de que en muchas otras partes del mundo, incluidos los Estados Unidos, probablemente no habría sobrevivido, y eso me dejó sin aliento. Desde entonces supe que debía hacer algo, y así fue cómo nació EMC.

Lisa: A los 40 años te convertiste en maratonista, y parece haber una profunda relación entre correr y tu liderazgo en la organización.

Christy: Ocurrió casi por accidente. En 2011 nos llamaron los organizadores de la maratón de Nueva York para decirnos que tenían 10 lugares que querían darle a la organización, y que podíamos hacer lo que quisiéramos con ellos. En cuanto nos llamaron, de pronto pensé: *Espera un momento. Esto podría estar en mi lista de cosas que me gustaría hacer antes de morir. No puedo imaginarme teniendo un equipo y no formar parte de él.*

Lisa: En algún lugar leí que antes de completar maratones nunca habías corrido más de 5 o 10 kilómetros, ¿es cierto?

Christy: Sí. De niña corría distancias cortas y me encantaba. De adulta corría de vez en cuando solo por hacer ejercicio. Al inicio de mi carrera como modelo, cuando tenía que viajar, la mayoría de los hoteles no tenían gimnasios, así que lo mejor que podía hacer era salir a correr. Pero no recorría más de 6 kilómetros, como máximo.

Un año antes de correr la maratón de Nueva York, una amistad me pidió presidir una carrera de 5 kilómetros en Long Island, para apoyar la lucha contra el cáncer de pulmón. Mi padre murió de eso, así que cuando me lo pidieron mi respuesta fue: "Claro que

sí, desde luego que lo haré". Y dediqué la carrera a su memoria. Entrené un poco, pero no era algo que constituyera un reto. Participé en aquella competencia en agosto de 2010, y hacía un calor brutal. Fue algo lamentable. La noche anterior fui a una fiesta de cumpleaños y me desvelé, y recuerdo haber pensado: *¡Oh, Dios mío, qué sufrimiento!* Pero también me dije después: *Vaya, qué suerte tengo de poder usar mis pulmones y de poder respirar.* Por lo cual también resultó algo muy inspirador.

Lisa: ¿Cuánto tiempo pasó hasta que corriste una maratón?

Christy: ¡Lo hice al año siguiente! Comencé a entrenar cuando le dieron los lugares a la organización. Fue entonces cuando recordé cuánto me gustaba correr de niña, y todas las cosas que mi padre buscó inculcarnos a mis hermanas y a mí acerca de la salud, de estar en forma y ser fuertes. Me motivó aún más cuando logré relacionar el acto de correr con mi organización y nuestra misión, pues la distancia es una gran barrera para las mujeres y la maternidad alrededor del mundo. Por eso buscamos comunicar nuestro mensaje cada vez que corremos.

Lisa: Y ahora, unos cuantos años después, ya corriste tu quinta maratón y calificaste para la prestigiosa maratón de Boston a los 47 años.

Christy: Es algo que amo. Se ha convertido en una especie de meditación. Es parte de mi trabajo y de mi salud mental. El hecho de fijarme un objetivo, entrenar, aprender

EL PODER DE TU MENTE ES TAN PROFUNDO Y FUERTE QUE, SI TE DICES QUE NO PUEDES, ENTONCES, SIN DUDA, NO PUEDES NI PODRÁS.

CHRISTY TURLINGTON BURNS

acerca de mi cuerpo, darme tiempo para mí y poder desconectarme y salir sola, no solo se han vuelto aspectos atractivos, sino necesarios. Me hace falta ese tiempo para mí, y correr me ha permitido tenerlo. Ahora nunca diría "corro", sino "soy corredora", y se siente bien expresarlo.

Lisa: ¿Qué consejo les darías a las mujeres mayores que están comenzando a correr?

Christy: Les diría: "Al principio tampoco me gustaba". ¡No se trata de que hagan algo que no se siente bien y que no fluye con naturalidad! Pero tienen que hacerlo varias veces para superar la parte que resulta difícil. Creo que la mayoría de las personas no tienen la paciencia suficiente para dedicarle

a algo el tiempo necesario para superar esa ardua transición. Cuando leí *Nacidos para correr* —un libro hermoso y que en parte trata sobre cómo correr es una actividad de lo más humana—, también aprendí que es algo que los seres humanos hemos hecho desde tiempos inmemoriales. Nuestra especie evolucionó para correr y para recorrer largas distancias. Pero ahora somos una población muy sedentaria. El libro también plantea que correr implica jugar. Entonces, ¡vuelves a tu niñez y recuerdas que te encantaba correr! Por eso trato de pensar en esto desde un ángulo distinto.

Correr también es una de las formas en las que puedes *hacer algo*. Puedes recaudar dinero y crear conciencia, puedes hacer que la gente se involucre y forme parte de un equipo. Creo que casi cualquiera puede levantarse del sillón para correr 5 kilómetros, y por eso hemos buscado asociarnos con carreras en las que haya diferentes distancias, para que la gente sienta "Vaya, lo logré", y comience desde ese punto. Cuando te comprometes con algo que no es demasiado grande, poco a poco notas que al superar tu última marca comienzas a decirte: *Nunca pensé que podría correr tanto. ¡No puedo creer que haya corrido 25 kilómetros!* El poder de tu mente es tan profundo y fuerte que, si te dices que no puedes, entonces, sin duda, no puedes ni podrás. Y a la inversa, si te dices que puedes, te sentirás feliz al esforzarte en ir más allá.

Como sociedad, en general no nos permitimos llegar a nuestro límite. Creo que es muy emocionante poder llevarte al límite en cualquier etapa de la vida, sin lastimarte. Hacerlo es de verdad estimulante porque usas tu fuerza vital en una situación realmente práctica. Creo que aprendes mucho de ti y de los demás cuando te pones a prueba.

Lisa: Has tenido una década muy ocupada: fundaste EMC, corriste cinco maratones, produjiste y dirigiste cinco documentales y además educas a tus dos hijos. ¿Cómo describirías tu experiencia de esta última década?

Christy: Tengo más energía que antes, y en parte se debe a la pasión que experimento por el trabajo que hago. Todos los días son gratificantes, y siento que lo que hago en la organización es muy satisfactorio y necesario. Es muy emocionante tener ese sentido de vida, no de manera fugaz sino constante, y probablemente esa sea la mayor diferencia respecto de cualquier otro momento de mi vida.

De joven, tuve esa sensación por breves momentos, pero ahora siento como si mi mundo estuviera en sintonía. Y con esto no me refiero a que esté en equilibrio, porque en realidad no me gusta mucho esta palabra, sino en el sentido de que estoy en mi oficina y desde aquí alcanzo a ver mi casa, que está a unas calles, y la escuela de mis hijos, y noto que este centro de EMC está creciendo y tiene repercusiones; y todo estos aspectos parece que fueran círculos concéntricos.

En general, creo que tenemos distintos momentos en nuestras vidas, y una identifica cuándo está pasando por *esta* o *aquella* etapa. Y no veo que esta etapa en particular vaya a terminar. Es como ser mamá: una vez que ocurre, lo eres para siempre. Y mientras tenga salud y sea capaz, quiero retribuir en algo a la sociedad. Me queda claro que mi salud es un privilegio y todo el tiempo me siento agradecida por poder respirar, por tener mis dos brazos y piernas, por tener la capacidad mental de pensar detenidamente las cosas y de contar con la aptitud para comunicarme con los demás. Como viajo bastante a lugares donde la gente no tiene esos privilegios, pienso mucho en los míos. Hay pocos días en los que no me sienta muy, pero muy agradecida.

Louise Bourgeois creó arte como una forma de exploración y terapia. Dedicó su vida al dibujo, la pintura y a concebir evocadoras esculturas, pero no fue sino hasta los 70 años que captó la atención del mundo.

Nació en París en 1911 y pasó su niñez en un apartamento ubicado sobre la galería donde sus padres vendían tapices. Los fines de semana, su familia acudía a la casa de campo que tenían para restaurar tapices antiguos. Louise aprendió a coser y a pintar reparando los elementos faltantes de las tapicerías dañadas. En su juventud entró en conflicto con el amorío que su padre sostuvo durante diez años con la que fue su tutora. Se sintió traicionada tanto por su padre, por haberla abandonado, como por su madre, por haber tolerado aquella relación.

Nunca fue la intención de Louise convertirse en artista. Como le apasionaban las matemáticas y la filosofía, se dedicó doce años a estudiar ambas asignaturas en el Lycée Fénelon de París, seguido de un breve período en la Universidad de la Sorbona. Cuando cayó en la cuenta de que las matemáticas no le brindaban certezas, "optó por las certezas del sentimiento". Entre 1932 y 1938 estudió arte con numerosos profesores, y pagó sus clases realizando trabajos esporádicos.

En 1936 conoció a Robert Goldwater, un estudiante de Historia del Arte. A los dos años se casaron y se mudaron a la ciudad de Nueva York. Louise comenzó a esculpir a finales de la década de 1940, adelantándose a su tiempo, pues anticipó movimientos como el arte corporal, la instalación y el minimalismo, que se volverían populares en los años por venir. Sin embargo, cuando su padre murió a inicios de la década de 1950, Louise desapareció de la vista del público. Durante esa época se metió de lleno al psicoanálisis, aunque no dejó de trabajar. Cuando resurgió a los 50 años tras un largo paréntesis, su nuevo cuerpo de obra era extraño, inquisitivo y abstracto, y los críticos lo notaron.

En la época en que su esposo murió, en 1973, su trabajo alcanzó una nueva altura. La artista recibió doctorados honoris causa y encargos para realizar piezas de arte público. Cuando el Museo de Arte Moderno de Nueva York realizó una exposición retrospectiva de su obra en 1982 —la primera de ese tamaño que una institución organizaba para una mujer—, Louise Bourgeois, que en ese momento tenía 70 años, obtuvo fama mundial. Como parte de la exhibición publicó sus diarios, tomó preguntas de la prensa y fue francamente autobiográfica, como nunca antes lo había sido. La retrospectiva le brindó una gran confianza y propició que su trabajo siguiera evolucionando hasta su muerte en 2010, a los 98 años de edad.

PORQUE EL AMOR ME DEJA SER

por

Jennifer Maerz

Cuando tenía 25 años, una adivina decretó que no me iba a enamorar hasta que tuviera 40. Me tomó las manos, señaló las historias que se tejían en mis palmas y pronunció su sentencia sentada junto a la ventana de un café en San Francisco. "El amor de tu vida no llegará hasta que tengas 40 años".

¡¿40?! Quedé descorazonada. "¿Está segura?", le pregunté. En el pasado, las adivinas habían sido extrañamente atinadas sobre mi vida, y esta profecía parecía un castigo.

"Sí", respondió. "Recibo una lectura muy clara de esto".

Me alejé temblando. No quería esperar a encontrar el amor. Llevaba cinco años de estar en una relación maravillosa y pensé que por fin lo había hallado. Conocí a mi novio cuando ambos trabajábamos en el periódico universitario de Santa Cruz. Me gustaba su sentido del humor irónico y la manera en que entrecerraba sus ojos color café. Lo llevé a casa para que conociera a mis padres tres semanas después de nuestro primer beso. Al mes, mientras estábamos acurrucados en el húmedo sofá de la entrada principal, giró y me miró con un gesto serio. Dijo que me amaba. Y yo también a él.

Lo seguí a San Francisco y nos fuimos a vivir juntos. Nos interesábamos por los padres del otro, como si fuesen los nuestros, y nos escribíamos largas cartas cuando viajábamos separados.

Con 25 años, supuse que siempre estaríamos enamorados, que él siempre me cocinaría pasta casera y que yo siempre le conseguiría entradas para los conciertos clandestinos de rock. Pero esa noche me acecharon las palabras de la adivina.

Conforme los años transcurrían, comencé a necesitar más de lo que nuestra relación me brindaba. Mi novio se convirtió en periodista político en Washington D. C. y luego en Sacramento, mientras que yo me volví crítica de rock en Seattle. A menudo nos separábamos en ciudades distintas, con la promesa de que nuestra situación era temporal. Me sentía sola sin él y exploré la tentación en los rincones de las fiestas nocturnas que frecuentaba con mis amigos punks. Bebía bastante para fingir que esos besos ilícitos podían evaporarse de mi memoria junto con el humo del cigarrillo.

Luego de once años juntos, mi novio me pidió que me casara con él cuando estábamos bajo una sombrilla en DUMBO, Nueva York. Aunque mi corazón saltó de emoción, después me vi ocultando el diamante de mi sortija de compromiso cuando él no estaba cerca. Lo amaba, pero la vistosa piedra era un símbolo descarado de la edad adulta que no podía aceptar.

Y, sin embargo, cuando mi prometido me anunció un año después de nuestro compromiso que había dejado de amarme, no quería hacer otra cosa más que cerrar la distancia que había entre nosotros. Pero para entonces ya era demasiado tarde. Vivíamos en silos aislados el uno del otro. Consultamos a una terapeuta, y ella nos dijo, luego de una sesión, que nuestra relación había terminado. Mi prometido hizo los honores un día después de San Valentín. Íbamos en la carretera entre nuestras respectivas ciudades y me pidió que lo dejara en la estación de trenes más cercana. Quería regresar solo a casa. No hablé de nuevo con él hasta nueve años después, en el funeral de un amigo en común.

No deseaba estar sola a los 32 años. Tampoco quería pensar en dónde pasar las vacaciones o cómo administrar los pagos por mi cuenta.

Tuve momentos difíciles, pues extrañaba muchísimo a mi ex. Cancelaba las salidas con amigos porque me sentía mejor viendo la televisión y llorando hasta que se me hinchaban los ojos, que fingir que me entusiasmaba estar soltera en la pista de baile. El día de San Valentín añoré poder volverme invisible hasta el 15 de febrero. Y cuando terminó la última de una serie de relaciones de tres meses, acabé escapando de otro apartamento con el corazón roto.

Pero con el tiempo comencé a tomar riesgos saludables y mi confianza creció.

Luego de trabajar una década como crítica de rock, renuncié a la industria de la música. Odiaba beber en exceso y estar rodeada todo el tiempo de otros bebedores; además, me di cuenta de que dormir bien por la noche disipaba las ansiedades que había acumulado por años. Dejó de importarme el glamour que creía tener al salir con músicos, cuya capacidad de atención terminaba en cuanto regresaban al autobús de la gira.

También me divertí. Tuve romances con hombres cuyas vidas me intrigaban. Viví fantasías de fin de semana con el campeón de *air guitar* de Los Ángeles, con un *rockstar* danés y con un promotor de conciertos australiano. Y luego me harté de acostarme con parejas fugaces y comencé a decir que no a cualquier cosa que no me hiciera sentir bien a largo plazo.

Logré una gran intimidad con mis amigas que también estaban solteras y a quienes les emocionaba viajar a Los Ángeles para asistir a un festival de rock psicodélico, mientras escuchábamos en mi auto sus casetes de música. Estas mujeres pasaban sus fines de semana flotando conmigo en el río Ruso, en California, o las noches mirando las estrellas desde una casa alquilada en Stinson Beach. Nunca antes había sentido semejante amor por mis amigas.

Construí un vínculo especial con mi hermana cuando comenzamos a salir juntas cada año para irnos de aventura, en viajes que en otro momento hubiera hecho con algún novio.

Comimos pirañas en Buenos Aires, dormimos en la habitación del hotel Joshua Tree en la que murió el músico Gram Parsons y visitamos la casa de un acumulador obsesionado con Elvis Presley cerca de Memphis, Tennessee.

Me percaté de que había pasado mi adolescencia y mis 20 años intentando cerrar la brecha que me separaba de los chicos que conocía. Me sumaba a lo que ellos estaban logrando y esperaba que nuestra proximidad también me consiguiera elogios. Sentía un fuego interno, pero no tenía claro cómo canalizarlo por mi cuenta. Confundía ser agresiva en el sexo y el amor con ser asertiva con el mundo en general.

No fue sino hasta que dejé de tener a un hombre a mi lado que entendí que podía estar sola. No tenía que convertirme en un retrato de lo que mis exparejas querían que fuera. Podía tomar decisiones espontáneas relacionadas con mi carrera, mi estilo de vida y mis planes de viaje.

A los 38 años dedicaba muy poca energía a encontrar una pareja romántica. Y evidentemente, fue entonces cuando conocí al hombre que la adivina anticipó.

Trabajaba como jefa de redacción de una publicación muy popular en San Francisco y había construido una sana disciplina de meditación. Estaba contenta siendo soltera, pero cuando una amiga me comentó de su apuesto amigo que amaba los libros y las películas tanto como yo, estuve de acuerdo con que nos presentara. No dejamos de conversar desde que entró al bar. Me contó que era escritor de ficción, que fabricaba muebles y jugaba hockey. Era

melómano y tenía un conocimiento musical enciclopédico. Cuando nos avisaron que estaban por cerrar el bar, no pude creer que hubiera llegado a ese punto con aquel hombre de ojos azules y pómulos marcados, originario del medio oeste del país.

Tuvimos dos citas y luego me fui a un retiro de meditación en silencio de diez días. Ese tiempo lo pasé con los budistas enfrentando cada miedo que había acumulado dentro de mí. El décimo día nos dieron la instrucción de que perdonáramos a nuestros torturadores mentales, así que dejé ir las profundas heridas que había juntado durante años. Pero también me sobrecogió un irresistible amor por el nativo del medio oeste. Nos vimos la noche en que terminó el retiro; él me había escrito un poema por cada día que estuvimos separados. No podía decirle tan rápido que lo quería... Esperé dos días más hasta que él lo dijo primero.

Dos años después, cuando llegué a los 40, nos casamos en Big Sur, California. Me pidió matrimonio en la azotea del hotel Fairmont, pues sabía que era el mismo lugar donde mi papá se lo pidió a mi mamá. Anótenles un punto a las adivinas del mundo.

Tengo amistades en sus 30 años que a veces dudan de si sus parejas, sobre quienes no se sienten seguras, serán los compañeros a quienes amarán en el largo plazo. Se preguntan si es suficiente con lo que sienten, a sabiendas de que si hacen esa pregunta en voz alta es porque, probablemente, no es así. Pero no quieren terminar la relación por miedo a andar solas por el mundo y a que el reloj sentencie que ya no merecen amor a cierta edad. Siento su dolor. A mí también me aterró no tener la fuerza suficiente para estar sola.

No obstante, me di cuenta de que algunas de nosotras necesitamos ser exploradoras solitarias a nuestros 30 años. Necesitamos superar los límites de las relaciones que sostenemos a los 20, sofocadas por lo que no podemos tener, para lograr experimentar lo que en realidad queremos.

Eso no significa que estar casada a los 40 sea un proyecto en el que ya no hay temores. Intentar quedar embarazada ha sido más difícil de lo que esperaba. Y en ocasiones me angustia perder a mi esposo por una terrible enfermedad mientras envejecemos.

Pero al final, haberme enamorado profundamente a los 40 me ha dado tiempo para construir mi vida en función de lo que soy y no de lo que me siento obligada a dejar de lado. Ahora comprendo que una gran incertidumbre puede venir acompañada de una gran oportunidad. Y por esas lecciones me siento agradecida de que el amor romántico me dejó ser, hasta llegar a la edad en la que verdaderamente pude apreciarme a mí misma tanto como a mi compañero.

Jennifer Maerz es escritora independiente, editora y amante de vagabundear en las playas, quien ahora vive en Portland, Oregón. Sus ensayos y artículos sobre arte y cultura han sido publicados en RollingStone.com, Cosmopolitan.com, Refinery 29, y en las revistas *San Francisco Chronicle*, *Stranger* y *Bold Italic* (en la que fue jefa de redacción), entre otros lugares. Puede terminarse una caja de caramelos de regaliz negro como si nada.

Emily Kimball se llama a sí misma "La anciana aventurera". A los 40 años decidió que quería un trabajo al aire libre, así que se unió al departamento de recreación de su comunidad. Desde que dio el salto para cambiar de vida hace 43 años, Emily se enamoró aún más de las actividades en el exterior, por lo que comenzó a recorrer miles de kilómetros a pie y en bicicleta. Caminó más de 3000 kilómetros por el sendero de los Apalaches, recorrió en bicicleta 7500 kilómetros por los Estados Unidos y anduvo a pie 310 kilómetros por el norte de Inglaterra, todo después de cumplir 60 años; sin incluir otras incontables aventuras que ha tenido hasta hoy. Ahora, con 85 años, Emily es la autora de dos libros, incluido *A Cotton Rat for Breakfast: Adventures in Midlife and Beyond*. Como dueña de Make It Happen!, una firma consultora en estilo de vida dedicada a retar a la gente para que alcance sus sueños, Emily ha recorrido Estados Unidos dando charlas como experta en temas de envejecimiento creativo, toma de riesgos y cómo superar obstáculos. Sigue saliendo (¡mucho!) y actualmente planea su próxima ruta en bicicleta.

Lisa: A los 48 años conseguiste el empleo de tus sueños como gerente de esparcimiento al aire libre en el Departamento de Recreación del Condado de Chesterfield. Cuéntanos de tu vida hasta ese momento. ¿Qué hacías antes?

Emily: Estudié una maestría en Sociología y, en cuanto salí del posgrado, empecé a trabajar como organizadora comunitaria en un barrio del sur de Filadelfia, para United Neighbors Settlement. El barrio estaba constituido principalmente por italianos, pero una gran población de afroamericanos y judíos llegaban a vivir ahí. Era una tarea desafiante conseguir que las personas cooperaran por el bien de la comunidad. Después de ese empleo, trabajé para la Comisión de Filadelfia para las Relaciones Humanas, como agente de campo. Acababa de ser aprobada la nueva ley de vivienda, junto con otras leyes laborales. Trabajé en muchas situaciones interesantes intentando que dichas leyes funcionaran entre la clase popular.

Lisa: ¿Por qué hiciste el cambio de carrera? ¿Qué lo provocó?

Emily: Fui ama de casa durante catorce años. Me divorcié más o menos a los 42, y conseguí empleo en la oficina estatal de envejecimiento trabajando como agente de campo. Fue entonces cuando decidí que quería forjar una carrera a partir de mi gran amor por las actividades al aire libre. Regresé a la escuela por ocho meses, estudié Biología (plantas, aves, mamíferos, ecología, insectos, etc. ¡Creí que había muerto y estaba en el Cielo!) y durante cinco meses llevé prácticas medioambientales en el Glen Helen

Environmental Center, en el estado de Ohio. Después viajé por Estados Unidos haciendo entrevistas para conseguir un empleo relacionado con el medio ambiente. Vivía con 200 dólares al mes, acampaba y me cocinaba con mi estufa portátil, e hice que mi exesposo cuidara a nuestros tres hijos, que entonces tenían 10, 12 y 14 años (pero esa es una larga historia). En esa época también recorrí a pie el Gran Cañón del Colorado, viajé unos 300 kilómetros en canoa por el río Suwannee y pasé diez días sobreviviendo en la naturaleza, en el estado de Utah.

Luego de regresar a casa con las manos vacías, tras mi búsqueda de trabajo a campo traviesa, terminé consiguiendo mi empleo soñado como gerente de esparcimiento al aire libre en el área de Parques y Recreación del Condado de Chesterfield. Ese año tuve doce empleos distintos para mantener a mi familia, mientras esperaba encontrar algún cargo local al aire libre.

Lisa: Desde hace tiempo eres una entusiasta de las actividades al aire libre y te refieres a ti misma como "La anciana aventurera". ¿Cómo empezaste con las aventuras y por qué?

Emily: En la universidad hice algunos viajes en bicicleta y de niña siempre jugué tenis y béisbol. También patinábamos sobre hielo en las calles congeladas de Rochester, Nueva York. Pero en realidad fui más aventurera cuando llegué a los 40 años; tomé una clase de excursionismo para mujeres mayores de 40 y me uní a un club de ciclismo para complementar mi vida como madre soltera. Cambié de carrera porque me apasionaban las actividades al aire libre, y como era probable que tuviera que trabajar el resto de mi vida, quería hacerlo en algo en lo que creyera firmemente y que me encantara.

Lisa: ¿Qué haces para cuidarte y mantenerte en forma cuando no caminas largas distancias o haces tus rutas en bicicleta?

Emily: Me cuido procurando mantenerme activa cinco días a la semana. Camino una hora antes del desayuno, juego un partido de dobles dos veces a la semana con un grupo de personas de más de 55 años, salgo en bicicleta los sábados con el club (40 kilómetros), y en el verano nado casi todos los días en la piscina olímpica que hay en donde vivo. También hago un poco de excursión con mochila, pero eso me está resultando cada vez más difícil; y, por supuesto, hago senderismo.

Lisa: ¿Cómo ha cambiado con la edad tu experiencia de estar en la naturaleza?

Emily: Noto que soy más feliz cuando estoy en la naturaleza. Es donde busco consuelo. Lo que me mantiene viva es estar activa y en contacto con la naturaleza. Eso no ha cambiado con la edad, pero se ha vuelto más difícil encontrar amigos que me sigan el paso en estas cosas, así que a menudo las hago sola. Evidentemente, soy mucho más lenta y renuncié a esquiar a campo traviesa debido a problemas de equilibrio, y ahora me resultan muy pesadas las rutas con carga, en las que llevas todo en la bicicleta.

Lisa: Ahora eres autora de dos libros, conferenciante e incluso diriges talleres enfocados en envejecer con creatividad. ¿Por qué te interesa este último tema?

Emily: Doy charlas sobre cómo envejecer con creatividad, que es mi tema favorito, porque ahora tenemos entre veinte y treinta años de vida saludable luego de abandonar la fuerza laboral. Quiero inspirar a las personas para que le saquen provecho a la mayor parte de ese tiempo; que ignoren la discriminación por la edad que hay en nuestra cultura y que solo salgan a vivir sus sueños. El tema del que más me gusta hablar es: "Redefinir la vejez en el siglo XXI".

Lisa: ¿Qué consejo les darías a las mujeres mayores que están considerando seguir su pasión, explorar algo nuevo o cambiar significativamente su vida y que quizá crean que ya son "demasiado viejas" o que les dé nervios probar algo nuevo?

Emily: Mi consejo para las mujeres mayores es que se arriesguen, que prueben cosas nuevas y que no se desanimen ante los fracasos. Aprendan de ellos y luego continúen. Este también fue el mensaje principal en mi libro más reciente, *A Cotton Rat for Breakfast: Adventures in Midlife and Beyond*. No son

demasiado viejas, les quedan veinte buenos años o más para buscar aquello que pospusieron durante el ajetreo de la mediana edad.

Lisa: ¿Qué proyectos tienes en el horizonte?

Emily: Me uniré a la ruta ciclista de 390 kilómetros de Katy Trail, en el estado de Misuri. La llamo mi gran despedida, pero mis amigos dicen que es probable que no lo sea. Hay que viajar más de 3000 kilómetros en auto para llegar ahí, y voy a acampar en parques lindos, nadar y visitar amigos en el camino. Después planeo quedarme un par de días y viajar en canoa en el río y, tal vez, ande un poco más en bicicleta antes de regresar a casa. En abril, mi hijo y yo hicimos una ruta en bicicleta de siete días en Florida. Cada primavera lo hacemos.

PUEDE QUE LAS MUJERES SEAN EL GRUPO QUE MÁS SE RADICALIZA CON LA EDAD.

GLORIA STEINEM

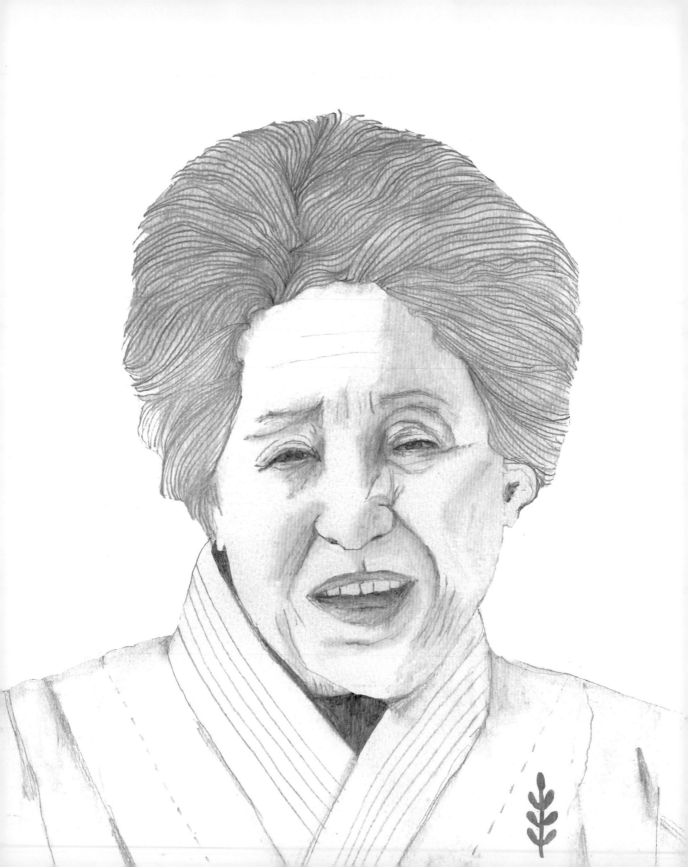

Sensei Keiko Fukuda. Se convirtió a los 98 años en la mujer con el grado más alto de judo en el mundo, luego de soportar varias décadas de discriminación por parte del instituto Kodokan, dominado por hombres.

Keiko nació en Tokio en 1913; fue nieta de Hachinosuke Fukuda, samurái y maestro de jiujitsu. Si bien la educación japonesa de la joven fue habitual para la época —incluía la práctica de arreglos florales y caligrafía—, su vida cambió a los 21 años, cuando Jigoro Kano (fundador del judo y uno de los antiguos estudiantes de su abuelo) la invitó a entrenar con él en su centro de artes marciales, también conocido como dojo. Con menos de metro y medio de estatura, Keiko era una maestra fuera de lo común.

El judo proviene del jiujitsu, y utiliza una combinación de técnicas de control y derribes, así como de fuerza y equilibrio. A pesar de su constitución física, Keiko sobresalió. Se entregó con tal ahínco a entrenar, que rechazó un matrimonio concertado por temor a tener que renunciar al deporte, y en 1937 se convirtió en instructora. Jigoro Kano murió al siguiente año, y Keiko profundizó sus conocimientos en una forma más delicada del judo, llamada kata. A los 40 años de edad, formó parte de un selecto grupo de mujeres que tenían el quinto grado de cinta negra, también conocido como quinto dan, y se mudó a los Estados Unidos, donde dio clases varios años. Más tarde regresó a Tokio e hizo demostraciones del judo femenino en los Juegos Olímpicos de 1964.

En 1966, se trasladó de nuevo a los Estados Unidos y posteriormente adquirió la ciudadanía estadounidense. Tras veinte años de que el Kodokan negara su progreso, se realizó una petición y, en 1973, con 60 años de edad, Keiko se convirtió en la primera mujer en recibir el sexto dan. Un año después, fundó el Keiko Fukuda Joshi Judo Camp, el primer campo de entrenamiento de judo para mujeres, y a finales de la década de 1980 organizó su propio torneo femenino. Dedicó más de cuarenta años a darles clases a las mujeres de la bahía de California en su dojo de San Francisco.

Se mantuvo como sexto dan por más de tres décadas, hasta que, en 2003, el Kodokan le otorgó el noveno dan —el segundo grado más alto que se puede recibir— cuando tenía 93 años. Este sigue siendo el grado más alto que una mujer haya conseguido. Keiko tenía 98 años cuando la Federación de Judo de los Estados Unidos la ascendió a décimo dan, y el gobierno japonés la reconoció con la Orden del Sagrado Tesoro por su contribución al deporte. Keiko continuó enseñando judo en su dojo hasta su muerte, a los 99 años de edad.

RUGIENDO DE PUNTILLAS

por

Heather Armstrong

Escribo estas palabras cinco semanas después de haber terminado la maratón de Boston, la segunda vez que corro 42 kilómetros. Tenía 36 años la primera ocasión que lo hice, y crucé la línea de meta con los huesos molidos y con heridas emocionales tan profundas, que desembocaron en el final de mi matrimonio de diez años. Esta vez pasé por la línea de meta a los 40 años, satisfecha y con una sonrisa natural y cómplice en el rostro. Regresé a mi habitación de hotel sin tener que compartirla con nadie.

No imaginaba el viaje que tendría que recorrer entre la primera y la segunda maratón, el cual iba a cambiar toda la perspectiva de mi vida y cómo me siento acerca de ser mujer en un grupo de edad que es ignorado con tanta frecuencia. No sospechaba que la diferencia entre tener 39 y 40 era que la primera edad se considera "mayor". ¿Y 40? Se considera "vieja".

Quien conozca un poco mi trayectoria profesional ubicará una versión más joven de mí, justo del año en el que nació mi segunda hija, y dirá: "Ahí. En ese momento tuvo voz". Tenía 34 años y acababa de terminar la gira de mi libro, que fue best seller de *The New York Times*, acerca de la depresión posparto que tuve con mi primera hija, además de gestionar un blog muy

leído que fue pionero en la industria de quienes ganaban dinero en línea contando historias en las redes publicitarias. Además, estaba muy enamorada de mi nueva bebé y de la oportunidad que ella me dio para vivir la maternidad temprana como no pude hacerlo la primera vez, debido a mi depresión. En teoría, ese año se veía exactamente como imaginé que sería mi llegada al éxito; las líneas y curvas coincidían a la perfección con la imagen que, con cuidado, me formé en la adolescencia y que usé de referencia a los 20 años y a inicios de los 30.

Pero dos años después, mientras entrenaba para la primera maratón y pasaba horas a solas en las aceras y los caminos, luchando con mi cuerpo (literal y metafóricamente) para convertirlo en algo nuevo, extraño y complicado, obtuve un grado de autoconciencia que, sin darme cuenta, me había esquivado en todos mis éxitos. Creí haber estado atenta y haber sido cuidadosa en las decisiones que tomé como madre y dueña de un negocio, pero lo que salió a flote a lo largo de esos kilómetros que estuve sola fue: "No soy *esta* persona". "No soy *esto*".

Con *esto* no solo me refería a la mercancía en la que me había convertido para ser la única fuente de ingresos de mi familia, sino también a la compañera sin pasión y a la amiga indiferente en la que me transformé porque creía que eso significaba ser una mujer casada, con familia. Mi madre fue mi modelo, pues durante mi niñez reprimió su verdadero ser y todos sus intereses, sacrificándolos por mi padre y por una visión religiosa en la que la mujer debe ocupar un lugar específico en el hogar. A pesar de que yo era la principal proveedora de mi familia, llevaba años censurando, esterilizando y castigando a mi verdadero yo porque el padre de mis hijos no aceptaba a la mujer de mirada salvaje de quien se enamoró en un principio.

Por suerte, mi madre también me sirvió de modelo para el siguiente paso que di cuando hice que explotaran las cosas.

Regresé de la primera maratón en muletas, rota por fuera y por dentro, y cuando al poco tiempo pedí la separación, supe que posiblemente estaba cometiendo mi suicidio profesional. Era la "mamá bloguera", la que había amasado una pequeña fortuna escribiendo acerca de su familia y su matrimonio felices, con un humor irreverente, que ocultaba la realidad y los problemas tan dañinos que afectaban nuestra cotidianidad. Se suponía que el divorcio no formaba parte de la historia.

Pero no podía seguir viviendo una mentira ni continuar caminando de puntillas en mi casa, cuando lo que quería era rugir y romper las paredes. Como era de esperarse, los siguientes dos años fueron los más difíciles y dolorosos de mi vida. Cuando mi divorcio se hizo público, como imaginaba que iba a ocurrir (en el

New York Times, el *Huffington Post* e incluso en el periódico de mi ciudad natal), parte de mis seguidores se fueron. A la vez, la industria en la que estaba se fracturaba rápidamente y los lectores empezaron dispersarse por varios rincones de Internet. Lo que en algún momento fue un modelo de negocio centrado completamente en contar historias auténticas, pronto se convirtió en una fábrica de "historias" relacionadas con productos que las marcas querían vender usando mi vida como telón de fondo.

Ocultar mi tristeza mientras escribía aquellas publicaciones hizo que estuviera a punto de necesitar supervisión neuropsiquiátrica otra vez.

Hubo momentos en lo más oscuro de mi divorcio en los que recordé el año cuando nació mi segunda hija, y dejé que la nostalgia me engañara, solo para no quebrarme. Pero siempre regresaba al sonido de mis pies, uno tras otro, haciendo que mi cuerpo rebasara el kilómetro 25, el 26, el 27, el 28. No podía olvidar lo que había aprendido tras aquellos miles de pasos. El año en que nació mi segunda hija no hubo "paz", como la nostalgia me hacía creer. Más bien, hacía falta un tramo de pavimento para encontrarla.

Con frecuencia también esperaba que concluyera el contrato que tenía con mi red publicitaria, algo que casi coincidía con mi cumpleaños número 40. Por mucho que fuera liberador el vencimiento del acuerdo, me aterraba aún más lo que eso significaba. ¿Había llegado el final de una era? ¿Podría trasladar lo que había hecho en los últimos catorce años hacia algo igual de lucrativo, especialmente ahora que no tenía el rostro joven de una chica de 25 años que me ayudara a impulsar el proyecto? ¿Acaso la gente se enteraría de que en realidad no tenía idea de lo que estaba haciendo desde un principio?

¿Cómo iba a hacerlo sola?

Mi madre comenzó su carrera después de los 40, luego de divorciarse de mi padre y de que por fin aceptara la idea de que no debía ser más que ella misma. En el transcurso de veinte años fue ascendiendo en el trabajo, pasó de ser jefa de ventas de distrito en Avon (el puesto directivo más elemental en la compañía) a convertirse en la directora regional de ventas para el oeste de Estados Unidos. Me preocupaba que el cambio fuera el fin para mí, justo a la misma edad que tenía mi madre cuando estrenó su calzado para correr, por decirlo de alguna manera.

"Tienes que construirte otro bote", me dijo Rachel, mi *coach* de vida, luego de nuestra primera reunión. La contraté tras pedirle a mi madre que cenáramos juntas, movida por la desesperación, pues ansiaba escuchar qué consejo podía darme sobre lo que yo veía como un cascarón fracasado, consumido y agotado de lo que alguna vez fui. Su respuesta no fue lo que esperaba: "Tienes un buen comienzo", me dijo.

Pero ¿no estaba más bien en un punto muerto?

"Contrata a uno de esos… *coaches* de vida. ¿Así se llaman?", continuó. "Encuentra a uno que te agrade y deja que te oriente. Querida, yo no me metí al agua hasta después de los 40, y mira lo que tú has conseguido. Te queda mucho por hacer".

En primer lugar, mi madre no es el tipo de persona que suela recomendar un *coach* de vida. Sinceramente creí que me iba a decir que regresara a la iglesia y que rezara para encontrar una respuesta. En segundo lugar, fue la primera ocasión en la que alguien me dio permiso —o lo que percibí como tal— para sentirme orgullosa de lo que había hecho y construido. Porque en mi industria, uno es tan bueno como la última publicación de su blog.

Pero no era cierto. "No soy la última entrada de mi blog. Mira lo que he hecho".

"No soy *esto*".

Trabajé con Rachel cerca de dieciocho meses, y no solo me ayudó a construir otro bote, sino que también me dio permiso. Si leyera esto, negaría con la cabeza y se preguntaría: "¡¿Acaso no le enseñé nada?!". Porque no necesito permiso para darme crédito, para darme un respiro o tomar un descanso. Resulta que esas cosas son más fáciles cuando eres "vieja".

Tenía 39 años, y el indicador de distancia marcó 15 kilómetros de una media maratón en Tanzania cuando comencé a tomarle el gusto. De pronto fue como si me hubiera estrellado contra un muro de los 32° Celsius de calor y sentí que mi cuerpo se apagaba.

Tienes que caminar, Heather, me dije, algo que nunca antes me había permitido en una carrera. Así que lo hice. Otros me pasaron corriendo mientras yo caminaba. Los vi desaparecer bajo la bruma del calor que había adelante, consciente de que sus tiempos serían más rápidos que el mío, pero no mejores, solo más rápidos. Son dos mediciones muy distintas.

Cuán feliz me sentí de haber terminado la carrera en pie. ¡Terminé! "¡Soy *esto*!".

En los meses que siguieron, previos al vencimiento de mi contrato con la red publicitaria, mi emoción aumentó por la transición y por lo significativo que iba a ser mi cumpleaños número 40. Porque llevaba mucho tiempo con miedo. Temía decepcionar a mi ex durante nuestro matrimonio o defraudar a mi público; me asustaba ya no tener edad para mi industria y perder a mis lectores por talentos mucho más jóvenes.

Me asustaba que solo fuera tan buena como la última publicación en mi blog.

Entonces cumplí 40 años. Me volví "vieja". El miedo se me cayó de las extremidades como un peso muerto, pues por primera vez en la vida me di cuenta de que estaba viviendo plenamente todo lo que soy. *Con todo mi ser.* Me percaté de que el éxito no era la gira de promoción de un libro, un salario, un blog premiado o una edad. El éxito fue encontrarme a mí misma. Y resultó glorioso cumplir 40 años.

Heather B. Armstrong es ampliamente reconocida por ser la "mamá bloguera" más popular del mundo. Su página web, dooce®, ha aparecido dos veces en la lista de los 25 Mejores blogs del mundo, elaborada por la revista *Time*. *Forbes* incluyó su sitio dentro de las 100 Principales páginas para mujeres y nombró a Heather como una de las 30 Mujeres más influyentes de los medios de comunicación. Es una exitosa autora de *The New York Times*, cuenta con millón y medio de seguidores en Twitter y lectores que participan activamente en sus publicaciones.

LILIAN JACKSON BRAUN

PUBLICÓ LA PRIMERA NOVELA DE SU FAMOSA SERIE DE GATOS DETECTIVES A LOS 53 AÑOS. ESCRIBIÓ 29 LIBROS DE LA SERIE Y GOZÓ DE UNA CARRERA QUE DURÓ 45 AÑOS, HASTA SU MUERTE A LA EDAD DE 98.

LESLIE JONES

TENÍA 47 AÑOS CUANDO SE INTEGRÓ AL ELENCO DEL PROGRAMA SATURDAY NIGHT LIVE.

LOONGKOONAN

ES UNA ARTISTA QUE CONTINÚA PINTANDO A LOS 105 AÑOS DE EDAD.

RUTH FLOWERS,

TAMBIÉN CONOCIDA COMO DJ MAMY ROCK, PUSO A BAILAR A LA GENTE EN CLUBES Y FIESTAS DE CELEBRIDADES HASTA LOS 82 AÑOS.

VIRGINIA HAMILTON ADAIR

PUBLICÓ SU PRIMER POEMARIO A LOS 83 AÑOS. DESDE ENTONCES, SUS POEMAS HAN FIGURADO EN LA REVISTA THE NEW YORKER.

ARTISTAS EXTRA-ORDINARIAS

HARRIET DOERR

TENÍA 74 AÑOS CUANDO PUBLICÓ SU PRIMERA NOVELA, GANADORA DE UN PREMIO NACIONAL.

EVE ENSLER

ESCRIBIÓ LOS MONÓLOGOS DE LA VAGINA A LOS 48 AÑOS.

JULIA MARGARET CAMERON

TOMÓ LA CÁMARA A LOS 48 AÑOS. EL MUSEO METROPOLITANO DE ARTE, EN NUEVA YORK, LA DESCRIBE COMO UNA DE LAS MÁS GRANDES RETRATISTAS DE LA HISTORIA DE LA FOTOGRAFÍA.

KATHRYN JOOSTEN

CONSIGUIÓ A LOS 60 AÑOS SU PAPEL MÁS IMPORTANTE EN EL PROGRAMA ESTADOUNIDENSE THE WEST WING, CON EL CUAL HA GANADO DOS PREMIOS EMMY.

VIVIENNE WESTWOOD

TUVO SU PRIMER DESFILE DE MODAS A LOS 41 AÑOS Y OBTUVO FAMA MUNDIAL CON MÁS DE 50 AÑOS.

ANNE RAMSEY

HIZO SU PRIMERA APARICIÓN EN LA PANTALLA GRANDE A LOS 45 AÑOS Y MÁS TARDE FUE NOMINADA A UN OSCAR.

SUE MONK KIDD

PUBLICÓ SU PRIMERA Y EXITOSA NOVELA A LOS 53 AÑOS.

Stephanie Young era una reconocida escritora y editora de la revista _New York_. En el transcurso de casi treinta años, fue ascendiendo en la jerarquía editorial de más de seis publicaciones: de transcriptora en _Mademoiselle_, a columnista en _Glamour_ y luego a directora de la sección de salud y bienestar en _Self_ y _More_. Durante su carrera editorial, fue pionera al escribir sobre salud femenina, tema que ahora abunda en los medios actuales. Pero en 2007, a los 53 años de edad, Stephanie abandonó el mundo editorial y se embarcó en una nueva aventura: entró a la escuela de medicina para emprender una carrera como doctora. Actualmente, a los 60 años, Stephanie está buscando ingresar a alguna residencia médica y comienza su trayectoria como doctora.

Lisa: A los 53 años decidiste entrar a la escuela de medicina y convertirte en doctora. ¿Cómo fue el momento en el que te diste cuenta de que necesitabas hacer un cambio en tu vida?

Stephanie: Estaba con mi mejor amiga de sexto de primaria. Ella vive en California y yo, en Nueva York, pero vino en un viaje de negocios a mi ciudad y salimos a pasear. Mientras caminábamos por Central Park, me contó que la empresa en la que trabaja contrató a un _coach_ de vida para que se reuniera con su equipo. El _coach_ les preguntó: "Si no tuvieran que preocuparse por el dinero ni el fracaso, ¿qué harían con sus vidas?". Mi amiga confesó que se sentía decepcionada porque no pudo responder. Luego volteó a verme y me preguntó: "¿Tienes una buena respuesta?". La miré y le dije: "Claro que sí, desde luego, renunciaría a mi trabajo y regresaría a la escuela de medicina y me convertiría en doctora".

Ambas nos quedamos mirándonos y agregué: "Dios mío, eso es lo que tengo que hacer". No fue algo premeditado. No fue más que un comentario espontáneo de lo que en verdad quería. Y ella me respondió: "Sí, es lo que debes hacer". Y yo añadí: "Bien, bien". Lo que no dije de inmediato fue: "¡Sí, tienes razón! Me voy a casa para enviar hoy mi solicitud a la escuela de medicina". Pero sí pensé: _Vaya, qué intenso. Tengo que regresar a casa a pensar esto._

Lisa: Y luego, ¿qué pasó?

Stephanie: Regresé, y agradecí al cielo que existiera Internet. Escribí algo como "prerrequisitos para la escuela de medicina" y aparecieron resultados; después busqué "educación premédica posgrado", y el buscador me arrojó todos los cursos. Luego de leer toda la información, me di cuenta de que no tenía que regresar a la universidad. Solo debía tomar la asignatura de Cálculo. En esa época trabajaba en la Calle 42, y tenía que ir a tomar la clase a Columbia, en la Calle 116, en el lado oeste, a las cuatro de la tarde, con un empleo de tiempo completo. Tenía que salir a las 3:45 y la clase iniciaba a las 4:15, lo cual era estresante. Llevaba cuatro semanas así, cuando se acercó mi editora a decirme: "He notado que no estás mucho por aquí en las tardes", y le respondí: "Así es". Entonces, me preguntó: "¿Por qué?", y le contesté: "Tengo que confesarte que estoy tomando una clase de Cálculo". A lo cual replicó: "¿Y por qué diablos lo estás haciendo?". Le dije: "Quiero entrar a la escuela de medicina y debo tomar esa asignatura, por eso tengo que irme todos los días para llegar allá". Ella también tenía más de 40 y su reacción, de hecho, fue fabulosa. Me comentó: "¿Para dejar de jugar a la doctora Young en la oficina y serlo en la realidad?". Lo había entendido. Todos se acercaban a contarme sus problemas y yo les indicaba qué hacer. Entonces me preguntaban: "¿Eres doctora?", y yo les respondía: "No, solo interpreto ese papel en la oficina".

Después de que aprobé Cálculo, fui con mi editora y le dije: "Bien, pasé, y tengo que renunciar". Ella fue muy comprensiva y me apoyó mucho, y eso realmente fue de gran ayuda.

Lisa: ¿Hubo otras cosas que también estuvieran cambiando en tu vida en ese momento?

Stephanie: Sí, me di cuenta de que mi matrimonio en realidad no estaba funcionando. Cuando fui a casa y le conté a mi esposo (ahora *ex-poso*) lo que quería hacer, su respuesta fue: "Pero no me preguntaste".

Y cuando dijo eso, pensé: *Vaya, ahora lo veo claro.* En ese momento entendí que tenía que salir de esa relación. Lo confronté: "Creí que me ibas a apoyar en algo que sé que me hará feliz". Me contestó: "Bueno, pero no me preguntaste". Y pensé: *No tengo por qué preguntarle a alguien si puedo hacer esto que me hará sentir feliz. No, más bien debo seguir mi intuición.* Así que tuve que aceptar que mi matrimonio de veinticinco años había terminado, lo cual me resultaba sumamente difícil. Siempre me imaginé casada.

Lisa: Cuando comenzaste a contarles tus planes a los demás, ¿cómo reaccionaron?

Stephanie: Conservo cada uno de los correos de la gente con la que trabajé, como escritores, doctores y otros profesionales, quienes se mostraron abrumadoramente solidarios. "Vaya, no puedo asegurarte que será sencillo, pero adelante", me dijeron. "Vaya, estoy muy orgulloso de ti". Tuve muchas muestras de apoyo y, con frecuencia, abro esa carpeta y solo la veo. A menudo releo esa oleada de apoyo y realmente me ha ayudado a continuar.

Lisa: ¿Encontraste algún obstáculo en el proceso de admisión debido a tu edad?

Stephanie: Bueno, pues para empezar no me aceptó ninguna de las escuelas de medicina estadounidenses a las que envié solicitudes. La persona de admisiones de una importante escuela me comentó, extraoficialmente, que yo era "demasiado vieja". Entonces, envié mi solicitud a una escuela en el Caribe. Me aceptaron en la Universidad Ross, así que metí mi

PARTE DE MI ÉXITO CONSISTE EN ENTENDER LO QUE IGNORO... POR OTRO LADO, EN ESTE MOMENTO DE MI VIDA, NO TEMO SER VULNERABLE Y PEDIR AYUDA CUANDO DESCONOZCO ALGO. ESO TAMBIÉN JUEGA A MI FAVOR.

STEPHANIE YOUNG

vida en unas cuantas maletas y me mudé a Dominica (la isla que está entre Martinica y Guadalupe). Es un país tercermundista, y a pesar de que yo era una neoyorquina acérrima, me encantó el lugar.

Lisa: ¿De qué forma crees que fue distinta tu experiencia al ingresar a la escuela de medicina y convertirte en doctora a los 60, en lugar de haber iniciado este camino a los 20?

Stephanie: Mi edad no es un factor y, a la vez, sí lo es. Cuando estoy sentada con el grupo en una clase o haciendo preguntas, soy una estudiante como todos los demás que tienen 24 años; o cuando estoy en un grupo de estudio y me cuesta trabajo comprender un concepto, igual que el resto. Pero de vez en cuando me estrello contra una barrera invisible, que es como si me dijeran: "Espera, no puedes ir a beber con nosotros porque tú no haces esas cosas". O los estudiantes se acercan a mí y se asombran: "Guau, después del primer día de clases el profesor ya sabe quién eres". Y les respondo que es porque soy de su edad.

Lo que llevo conmigo es mi experiencia de vida, y eso juega tanto a mi favor como en mi contra. Por ejemplo, compré una calculadora muy sofisticada porque era un requisito, pero no tenía la menor idea de cómo usarla, así que volteé hacia la persona que tenía al lado y le dije: "No sé cómo usarla. ¿Me puedes enseñar?". Parte de mi éxito consiste en entender lo que ignoro. Por ejemplo, sé que estoy rezagada cuando se trata de entender intuitivamente la tecnología. Aunque, por otro lado, en este momento de mi vida no temo ser

vulnerable y pedir ayuda cuando desconozco algo. Eso también juega a mi favor.

Lisa: Debe ser muy emocionante estar aprendiendo tantas cosas nuevas.

Stephanie: Me emociona y me aterra a la vez. Es como si hubiera saltado a un precipicio y la caída fuera emocionante, pero es aterrador no saber cuándo vas a aterrizar; no importa qué tan difícil haya sido ni cuál sea el reto.

Lisa: ¿Qué consejo les darías a las mujeres de más de 40 que quieren hacer algo nuevo, y me refiero a algo muy nuevo, como el cambio que hiciste?

Stephanie: La dificultad que enfrentan muchas mujeres es encontrar lo que quieren hacer. Varias me han preguntado: "¿Cómo lo encontraste? Yo también quiero hacer un cambio importante". Hay un gran deseo. Así que, si quieres cambiar, solo mantente abierta a los giros inesperados. Es decir, puede ser durante una conversación con una amiga, mientras caminan y hablan hasta por los codos; eso me cambió la vida. Lo que me funcionó fue la repentina intuición en la que me di cuenta de que tenía aquella extraordinaria oportunidad. Tienes que estar abierta a que el universo ponga una idea a tu alcance. Fácilmente podría haberle respondido a mi amiga: "Claro que sí, hubiera ido a la escuela de medicina, pero ahora no lo puedo hacer porque estoy muy vieja para eso". Tan solo necesitas estar abierta y entender que, sin sonar muy New Age, el universo te va a enviar un mensaje y será una llamada de atención. Debes estar lista.

Laura Ingalls Wilder publicó su primer relato acerca de Ma, Pa y la pequeña casa de la pradera cuando tenía unos 60 años, hecho poco conocido por muchos de sus admiradores. Las historias de su niñez como pionera estadounidense están entre las más conocidas y queridas en el género de la literatura infantil en los Estados Unidos.

Laura Ingalls nació en 1867, en Pepin, Wisconsin. Según dejó registrado en su serie de libros, su familia recorría con frecuencia el medio oeste del país, estableciéndose por breves períodos en Misuri, Kansas, Minnesota y Dakota del Sur. A los 15 años, mientras vivía en Dakota del Sur, comenzó a dar clases en una escuela rural, a pesar de que nunca se graduó del bachillerato. En 1885, con 18 años, Laura se casó con Almanzo Wilder y renunció a la enseñanza para criar a sus hijos y ayudar a su esposo con la granja. Más tarde, la familia compró tierras en Mansfield, Misuri, y con el tiempo consolidaron una próspera granja de ganado lechero, aves de corral y frutas.

A finales de la década de 1920, Laura comenzó el proceso de escribir una autobiografía de su niñez, que incluía historias de cómo sobrevivieron al frío, la falta de comida y otras grandes dificultades de la vida como pioneros. Al final, compartió el manuscrito con su hija Rose, que era reportera en un periódico. Rose la animó a que publicara su biografía, y en los varios años que siguieron, ayudó a su madre a que le diera una nueva forma a la narrativa para llegar a un público más joven. Su primer libro, *La casa del bosque*, se publicó en 1932, cuando Laura tenía 65 años.

El libro fue un éxito inmediato entre los lectores jóvenes y mayores, y Laura continuó su prolífica carrera como escritora con más de 70 años, hasta completar la serie de siete entrañables novelas basadas en su vida. La última se publicó en 1943, cuando Laura tenía 76 años. Mantuvo una activa correspondencia con sus lectores hasta su muerte, ocurrida en 1957, a los 90 años de edad. Desde 1974 hasta 1982, una popular serie de televisión llevó a la pantalla las sorprendentes historias de la vida de los pioneros, basándose en los libros de Laura Ingalls Wilder, para deleite de los televidentes, lo que creó una nueva generación de entusiastas de la *La casita de la pradera*.

LA INESPERADA LIBERTAD DE SER SOLTERA A LOS 41

por

Glynnis MacNicol

El septiembre pasado, en la víspera de mi cumpleaños número 41, un vaquero de 20 años, a quien apenas conocía, me hizo una propuesta. "¿Te quieres acostar conmigo?", me preguntó con una franqueza y confianza que —a pesar de que estábamos en las montañas Bighorns de Wyoming— enorgullecerían a cualquier neoyorquino.

Estar parada a solas con un hombre desconocido podría haber sido inquietante, pero en esa ocasión fue sobre todo divertido, incluso alentador. Llevaba todo agosto viviendo en un rancho para turistas, desentendiéndome de mi vida tanto como fuera posible luego de un año intenso de altibajos. El lugar irradiaba apertura, aventuras y expectativas. Aun en la oscuridad, este joven era un ejemplar de la arrogancia de los vaqueros de la zona, hombres que llevaban los jeans exactamente como Levi imaginó que debían usarse. Y sin embargo, a pesar del aspecto cinematográfico de la escena, lo rechacé. (Él: "¿En serio?"). En parte lo hice porque tenía que estar lista en dos horas para ir al aeropuerto y aún no había empacado. Pero, además, porque durante el último año había sido el foco de interés de hombres más jóvenes —que viajaban por el país en motocicleta,

exmarinos, estudiantes de posgrado— que hicieron que este encuentro fuera algo normal, en cierto modo. Dejé de pensar que se trataba de una clase de anomalía o una oportunidad única que debía tomar, pues no volvería a tener otra posibilidad igual. Sabía lo que quería, y en ese momento no era estar con el vaquero.

Si hubiera prestado más atención a los relatos de algunas de mis amigas que no estaban casadas, puede que no me habría sorprendido tanto que la soltería después de los 40 años pudiera ser plena, fantástica y divertida. Pero hay una evidente falta de ejemplos celebratorios de mujeres solteras y sin hijos, y dicha ausencia crea un vacío donde debería haber historias que contar; de lejos, ese espacio inexplorado puede parecer espeluznante, si no es que francamente mortal. Incluso si nuestras ideas acerca de las mujeres y la edad han comenzado a progresar con cierta lentitud, los 40 siguen siendo una guillotina metafórica, como si tu cumpleaños te hiciera descender y, *pum*, todo lo que valorabas de ti misma (o, más bien, que te enseñaron que era valioso) de pronto te lo cortaran de una forma grotesca, y te quedaras sin forma e inútil, o peor aún, invisible. En las historias que nos contamos

sobre las vidas de las mujeres, hay pocas evidencias de cómo son en realidad las experiencias de las solteras, sin hijos, después de los 40; se te perdonaría suponer que ese "¿Y ahora qué?" que viene cuando no te casas y tienes niños, es un desierto desprovisto de amor y oportunidades que una debe soportar sola hasta la muerte.

Por un lado, quizás esto no sea del todo sorprendente. La mujer soltera y económicamente independiente es un fenómeno muy reciente —en en los Estados Unidos, la mujer pudo obtener su propia tarjeta de crédito recién en 1974— y nuestras historias siguen poniéndose al día con nuestra realidad. Por otra parte, las historias que sí nos contamos tienden a volver culturalmente invisibles a aquellas que rebasaron la edad reproductiva. (Si el matrimonio y los bebés se consideran las señales de éxito de la mujer, entonces, solo las más excepcionales parecen capaces de seguir solteras y sin niños, y tomarlo como un triunfo).

Me doy cuenta de esta situación especialmente cuando mis amigas recorren los caminos fáciles de reconocer del matrimonio y la maternidad. Tal vez sea por eso que, en cuanto pasó mi cumpleaños número 40 y seguí adelante con la década que tengo ante mí, con frecuencia me siento como una especie de pionera que sale a explorar y colonizar nuevas tierras, abrumada por el vacío y la absoluta falta de señales en el camino. Lo cual, debo decirles, la mayoría de las veces es bastante emocionante.

La cuestión que más me ha sorprendido y para lo que nadie te prepara es para la libertad. A las mujeres actuales no se les enseña cómo lidiar con este tipo de liberación, igual que a la generación de nuestras madres tampoco se les dijo cómo administrar su dinero. Permitimos que otros tengan libertad, al ser amas de casa y niñeras, pero en raras ocasiones se nos recompensa por tener la nuestra.

Mientras tanto, a los hombres, mejor dicho a los hombres blancos, es lo único que se les ha inculcado. Es la maldita escala de valores de los Estados Unidos: el famoso "Ve al oeste", sé libre y prospera junto con el país. Cualquiera con conocimientos básicos de la historia estadounidense sabe que la realidad de ese "ir al oeste" era muy distinta, aunque la iconografía perdure. Por otra parte, a las mujeres se les ha enseñado que su valor reside en serles útiles a los demás: a sus esposos e hijos, o, si no a ellos, a la sociedad en general. (Durante mucho tiempo ha habido una sensación implícita de que las

mujeres están obligadas a justificar su decisión de no tener hijos señalando cómo, en lugar de ser madres, van a dedicar sus vidas a mejorar este mundo). Se les enseña a querer estar atadas. La industria de los medios de comunicación y gran parte del complejo publicitario estadounidense del último siglo se construyeron siguiendo esa premisa. Se nos ha enseñado que cualquier otra cosa es un error o un peligro. Los hombres pueden lanzarse a la aventura; en cambio, las mujeres que lo hacen tienen que huir a su muerte, la mayoría de las veces.

Sin embargo, ahora me desborda una libertad que no esperaba y me siento genial, lo cual ha sido desconcertante en ocasiones. ¿Debería sentirme así de bien? No poseo ninguna de las claves tradicionales de la felicidad: no tengo esposo ni hijos. Estoy sola, y supuestamente es un estado al que debería dedicar mi vida a evitar. Hay tanto que me rodea sugiriéndome que debería sentirme de otra manera, que a veces dudo de mi propia satisfacción. No obstante, cuando la gente me pregunta a qué me dedico, me tienta responder: "Lo que quiero". No alardeo, pues tengo obligaciones financieras como cualquiera, y solo me tengo a mí para cubrirlas; más bien, es la afirmación de un hecho y un recordatorio de que pertenezco a la primera generación de mujeres para quienes puede ser una realidad. Aunque también se siente como si hubiera descubierto algún secreto y dijera: "Oh, por Dios, chicas, es maravilloso estar aquí y nadie quiere que se enteren".

Esta es la razón por la que también saco a colación a los hombres. Algo que ocurre cuando te sales del camino que conduce al matrimonio y a los bebés es que entras a un mundo masculino mucho más amplio e interesante (o mujeres, como ha sido el caso de varias amigas). De todas las edades.

Eso no quiere decir que no llegue a resultar verdaderamente difícil estar sola, y que a veces sea una profunda soledad que te sacude el alma. Es inevitable que también despiertes a mitad de la noche con esa sensación, y que sea algo aterrador. Y otras veces es simplemente agotador. Cuando eres alguien que tiene la libertad para hacer lo que quiere, lo que a menudo terminas haciendo es ocuparte de otras personas que tienen muchas menos opciones. El año pasado, más de una vez llegué arrastrándome a mi apartamento, fatigada emocionalmente y sintiéndome como si me hubiera atropellado un camión, además de considerar que valdría la pena estar casada, solo para que alguien más se vea obligado a tratar con mi familia, y que le ponga el corcho al vino y cargue el lavaplatos.

Por suerte, tengo la edad suficiente para saber que, en algún momento, las personas casadas y con hijos tienen todos estos sentimientos (y que es mucho peor sentirse sola en una relación, lo cual es algo de lo que muy poca gente habla y muchos experimentan). No importa qué tan seguido imaginemos que el matrimonio es la solución a los problemas femeninos, pues simplemente es otra forma de vida.

Fue durante una caminata en las montañas Bighorns, este agosto, cuando me di cuenta de que, gracias a la enorme combinación de circunstancias y decisiones intencionales, me convertí en el ejemplo a seguir que no tenía. Estaba caminando sola en las colinas, como hice la mayoría de los días durante algunas horas, sin teléfono y únicamente con una noción general de dónde me encontraba (siempre le avisaba a alguien cuando salía, en caso de que me perdiera y no regresara antes de que oscureciera... No es broma), maravillada por el vacío, con la esperanza de ver a alguno de los coyotes que escuchaba aullar al amanecer, y contemplando vagamente lo novedoso de mi situación actual. Una hilera de caballos, que dejaron salir a las colinas por la noche, venía detrás de mí y me seguía por las subidas y bajadas del valle, como si fuera su líder de facto. No soy una persona propensa a repetir mantras como los que dice Oprah Winfrey en su programa (si tuviera uno, quizás tendría que ver con el chocolate y el champán), pero en un momento levanté la mirada y pensé: *Vaya, me encanta estar en la tierra de los 40, sin estar casada ni con hijos*. O, para citar a los exploradores Lewis y Clark al ver el océano Pacífico: "¡Oh, qué alegría!".

Glynnis MacNicol es escritora y cofundadora de TheLi.st. Su trabajo ha aparecido impreso y en línea en publicaciones que incluyen Elle.com, página en la que es colaboradora, así como en *The Guardian*, *The New York Times*, *Forbes*, *New York Daily News*, *Marie Claire*, entre otras.

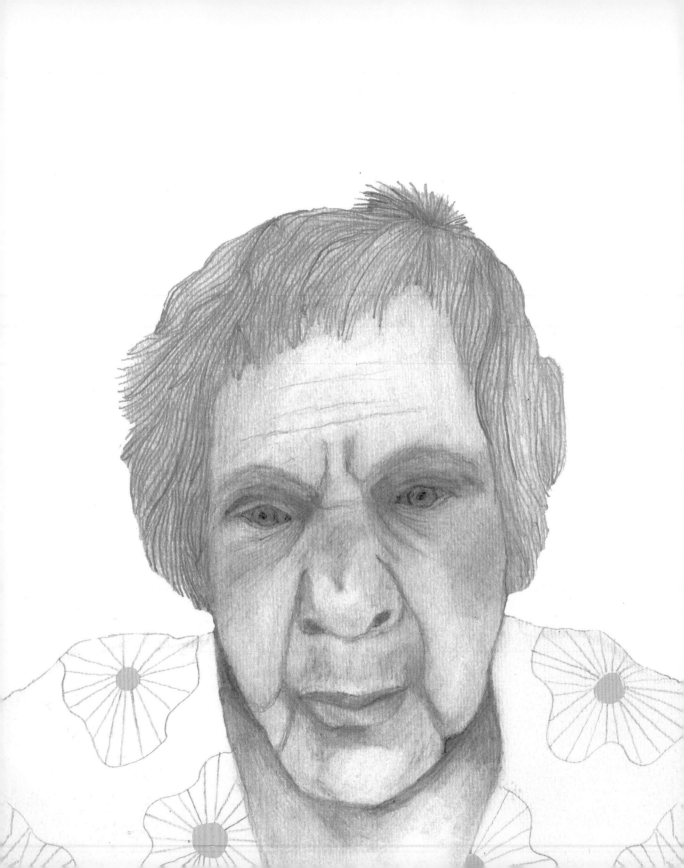

Minnie Pwerle, la reconocida artista, tenía cerca de 80 años la primera vez que tomó un pincel, pero en cuanto lo tuvo en su mano, pintó un lienzo tras otro con sus vibrantes y audaces pinceladas de color. Durante su breve carrera, se convirtió en una de las más célebres artistas indígenas de Australia.

Minnie nació a inicios del siglo XX (las fechas aproximadas varían, pero es probable que haya sido entre 1910 y 1920) en Utopía, una región remota del norte de Australia. En la adolescencia se relacionó con un hombre blanco casado y tuvieron una hija, Barbara Weir. La pareja fue encarcelada, pues los vínculos interraciales se consideraban un delito, por lo cual también separaron a Minnie de su hija cuando esta tenía nueve años. La niña formó parte de la "generación robada", es decir, los hijos de los nativos a quienes apartaron por la fuerza de sus familias y llevaron a orfanatos. Minnie hablaba poco inglés y creía que Barbara había muerto. La mujer se casó más adelante y tuvo seis hijos.

De adulta, Barbara se convirtió en una artista consolidada, y tras encontrar a su madre, reconstruyó la relación con ella. De visita en el estudio de su hija en el año 2000, Minnie tomó un pincel y comenzó a crear sus propios lienzos, empleando los motivos tradicionales de la pintura corporal de los aborígenes, pero dándole su toque particular y una paleta colorida.

En menos de un año, Minnie tuvo su primera exposición individual y su obra de inmediato se cotizó. Fue una pintora prolífica y era reconocida por su vigor, pues se levantaba al amanecer y trabajaba todo el día. Conforme aumentaba la popularidad de su trabajo, también crecía la presión para que siguiera creando. Encontró consuelo y un sentido de comunidad en su familia, cuando animó a sus hermanas, que también rondaban los 70 y 80 años, para que colaboraran con ella en los lienzos. Trabajaron juntas hasta la muerte de la artista, ocurrida en el año 2006.

ESTAMOS ENVEJ
HACEMOS MÁS S
MÁS LIBRES.
SUMAS LA SAB
VERDAD, ENTONC
Y TIENES PODE
¡CUIDADO! ¡MUC

ECIENDO, NOS

ABIAS Y SOMOS

Y CUANDO

IDURÍA Y LA

ES TE LIBERAS

R. Y LUEGO...

HO CUIDADO!

MELISSA ETHERIDGE

Paola Giantureco finalizó su exitosa carrera de 34 años en el marketing y la comunicación corporativa para convertirse en fotoperiodista, a los 55 años. Antes de entregarse a la fotografía, Paola fue directora de Hall & Levine, la primera agencia publicitaria en Estados Unidos propiedad de mujeres, seguido de un período de nueve años en el que fue vicepresidenta ejecutiva de la agencia internacional Saatchi & Saatchi. Luego de abandonar el mundo corporativo, Paola produjo cinco libros de fotografía y ha documentado las vidas de mujeres en 55 países. Su libro más reciente, *Grandmother Power: A Global Phenomenon*, fue premiado en 2013 con el International Book Award for Multicultural Nonfiction y en 2012 con el Women's Studies Book of the Year Award de la revista *Foreword Reviews*, entre otros galardones. En 2013, Paola fue catalogada como una de las 40 Mujeres a seguir mayores de 40 años, y en 2014 la publicación *Women's e-News* la mencionó entre las 21 Líderes del siglo XXI. Actualmente, cuenta con 6 libros publicados.

Lisa: A los 55 años, decidiste tomarte un año libre de tu carrera en las comunicaciones para dedicarte a la fotografía y a viajar, pero nunca regresaste.

Paola: Trabajé en comunicaciones casi 35, y en el último también di clases, así que básicamente tuve dos empleos al mismo tiempo. Resultaron tres cosas de ese período: en primer lugar, terminé exhausta; en segundo, en un año gané el dinero equivalente a dos de trabajo, tras lo cual me dije: *Vaya, acabo de financiarme un año*; y en tercer lugar, tenía acumuladas cerca de un millón de millas de viajera frecuente y mi esposo me regaló sus dos millones adicionales. De pronto, vi que tenía suficientes millas para viajar gratis y, prácticamente, ir a cualquier parte del mundo que quisiera, y también podía hospedarme donde fuera porque los hoteles aceptan las millas.

Pensé: *¿Por qué no me dedico un año a hacer lo que más me gusta y quiero aprender a continuación?* Eso fue lo que visualicé como mi año sabático.

Quería aprender acerca de las mujeres en el tercer mundo. Ese año, en 1995, se realizó la Conferencia de Pekín. Esa vez no fui porque estaba dando la materia de Liderazgo de las mujeres, en Stanford, en seminarios para el Instituto de Investigación sobre la Mujer y el Género. Como lo estaba impartiendo a mujeres ejecutivas en un seminario de verano, seguimos de cerca la conferencia. Una noticia importante que se dio en la conferencia fue que las mujeres de los países en vías de desarrollo gastaban el dinero de sus ingresos en enviar a sus hijos a la escuela. Los hombres de estas naciones tenían el privilegio social de poder gastar su dinero en lo que quisieran comprar, como bicicletas, radios y cerveza.

Esto coincidía con el momento álgido en el que la gente comenzaba a interesarse en los microcréditos. Casi nadie estaba escribiendo sobre el asunto, y eso me parecía fascinante porque había pasado toda mi vida productiva en grandes corporaciones, y lo que quería aprender a continuación era acerca de las mujeres emprendedoras que iniciaban solas sus negocios. Así que eso fue lo que hice con mi año libre, pensando de forma optimista: *Puedo conseguirlo en un año.*

Lisa: Te fuiste ese año, tomaste fotografías, investigaste, entrevistaste a varias mujeres y luego, en algún momento, decidiste: "No voy a regresar a mi trabajo, voy a seguir haciendo esto".

Paola: Estaba viajando por el granero de Bolivia, de pie en la parte trasera de una camioneta pickup, fotografiando la puesta de sol en esta hermosa zona de campos de trigo, y de pronto, al calor del momento, me dije: *Es lo más feliz que me he sentido trabajando. No pienso regresar.* Es decir, me sentía absolutamente contenta con lo que hacía antes, me pagan bastante bien por ello y tenía un puesto alto; era la vicepresidenta ejecutiva de la que entonces era la agencia de publicidad más grande del mundo. De verdad, no estaba pasando para nada por una crisis de la mediana edad. Ese fue el momento decisivo.

Lisa: Después regresaste a casa y quisiste comenzar a escribir sobre lo que habías documentado. ¿Cómo te sentiste con la experiencia?

Paola: En el transcurso de los siguientes cuatro años, aprendí a conseguir agente, editorial, y cómo escribir un libro. Tuve que aprender cómo organizar una exposición. Me uní al consejo de The Craft Center, que trabaja con artesanos de escasos recursos en 79 países, y, al final, fui la presidenta del consejo. Asimismo, me uní al consejo de la Association for Women's Rights in Development, lo cual me metió de lleno en la información contextual que, en esencia, le dio forma al libro.

Lisa: ¡Vaya curva de aprendizaje!

Paola: ¡Sí! Siempre me había gustado la idea de hacer algo que no hubiera probado antes y, mejor aún, si no se había hecho antes. Por eso constantemente me sumerjo en la parte profunda de la piscina, y lo he hecho toda mi vida, sin primero estar segura de si tiene agua.

Así que esa es la historia de aquel primer libro, y siempre tengo un archivo con cerca de catorce ideas para otros más. Y cuando revisé ese archivo, una idea que creí que sería interesante para las personas era un libro que documentara los festivales que celebran a las mujeres, de los cuales resulta que había muchos. En un mundo en el que en gran cantidad de lugares denigran y rebajan a las mujeres, decidí publicar una obra que las celebrara. El proyecto me llevó a quince países.

Lisa: Cuando terminaste *Celebrating Women*, tu tercer libro ocurrió casi por accidente.

Paola: Había estado viajando a Guatemala para hacer las sesiones de prueba de los libros

anteriores. Un verano, pasé algún tiempo trabajando de forma gratuita con un museo de aquel país, que quería que documentara los pueblos donde las tradiciones textiles estaban en peligro de perderse. Al final, tenía muchísimas fotografías de Guatemala y el editor me preguntó si quería hacer un libro con ellas. Como ya había comenzado a trabajar en el que creí que iba a ser mi tercer libro (algo completamente distinto), mi esposo, David Hill, aceptó escribirlo basándose en mis fotografías. El título del volumen fue *Viva Colores: A Salute to the Indomitable People of Guatemala*.

Lisa: Tu siguiente libro se concentró en algunas líderes verdaderamente increíbles.

Paola: Sí, mi cuarto libro fue *Women Who Light the Dark*. Trata sobre mujeres que dirigen organizaciones sin fines de lucro en quince países, que son superestrellas en su medio y trabajan con problemas espinosos. Estaba profundizando en las vidas de las mujeres en los países en vías de desarrollo, que en ese momento había empezado a entender mejor que al inicio. Evidentemente, enfrentan problemas terribles, como el tráfico de personas, la violencia doméstica y el VIH-sida, pero aparte de dar la cara a estas situaciones, desarrollan campañas muy creativas y enérgicas para mejorar sus vidas, las de sus comunidades y sus familias. Vi que estas mujeres eran unas heroínas. Y lo sigo creyendo.

Lisa: Y luego llegó *Grandmother Power*.

Paola: Ese libro fue la continuación natural de *Women Who Light the Dark*. Cuenta la historia de un grupo de abuelas que trabajaban juntas para dejarles un mundo mejor a sus nietos. Mientras estaba ocupada en África con el libro anterior, comencé a notar que varias abuelas se encargaban de sus nietos, quienes quedaron huérfanos por el sida. Estaban por todos lados, de Senegal a Camerún, en Kenia, Suazilandia y Sudáfrica. Eran mujeres muy pobres, pero me di cuenta de que habían empezado a colaborar para ayudarse entre ellas. Por ejemplo, abrieron huertos comunitarios para poder alimentar a los niños, se ayudaban entre sí para cuidarlos cuando salían de la escuela y ayudaban a los nietos de las demás con las tareas. Al ver esto, pensé: *El futuro de este continente descansa en las manos de las abuelas*. Eso me llevó a preguntarme lo que hacían las abuelas en otros lugares y, desde luego, estaban contribuyendo de una manera excepcional, motivadas por su intención y pasión por dejarles un mundo mejor a sus nietos, frente a tantos problemas verdaderamente difíciles.

Lisa: ¿Qué crees que hay en las abuelas que las hace tan poderosas?

Paola: Antes que nada, debo decir que no creo que el poder sea exclusivo de las abuelas porque, como habrás visto, desde hace veinte años he estado documentando el trabajo de mujeres poderosas, activas y visionarias de todo el mundo. Pero lo que sí creo que es algo nuevo es el activismo de las mujeres mayores, que no había ocurrido antes. En cuanto al cambio político y el compromiso, he presenciado en el plano internacional un grado de involucramiento que en verdad es completamente novedoso.

En muchos países, quienes hoy son abuelas formaron parte del activismo de los años 60. Saben que pueden cambiar el mundo porque ya lo hicieron. Cuando piensas en los cambios relacionados con la equidad de género y racial, en la modificación de los roles de género y en los prejuicios raciales, en la discriminación y en los derechos de las personas LGBTQ, la gran metamorfosis que tuvo lugar desde la década del 60 se debe en gran parte a las rebeliones estudiantiles que ocurrieron entonces. Estas mujeres crecieron en esa época.

Asimismo, las mujeres mayores gozan de una mejor salud de lo que jamás han tenido en la historia del planeta. Hay más de nosotras que nunca y vivimos más tiempo. De hecho, si revisas la cantidad de nuevas abuelas que aparecen a diario, mínimo son unas cuatro mil, solo en Estados Unidos. A eso hay que sumarle que tuvimos carreras profesionales, lo cual, en esencia, hace que seamos estratégicamente más efectivas que en el pasado.

Lisa: A los 55 años empezaste tu carrera como fotógrafa y escritora con poca o casi ninguna educación formal en esto, y desde entonces has publicado cinco libros muy importantes. ¿Qué consejo les darías a las mujeres que piensan o están en proceso de realizar un gran cambio en sus años de madurez?

Paola: Sean valientes. Yo confié en que abriría puertas que ni siquiera podía imaginar. Ese fue un gran cambio en mi actitud, porque había pasado demasiado tiempo trabajando para empresas enormes en las que estableces los objetivos, luego las estrategias, después las tácticas y terminas por llegar a la meta. Sencillamente no hay modo de desviarse del camino que conduce de este a aquel punto cuando trabajas en ese tipo de ambientes.

Por eso fue una gran sorpresa descubrir que al irme de ese contexto y comenzar a recorrer mi propio camino, ¡ese trayecto era bastante sinuoso! ¿Quién iba a pensar que terminaría haciendo libros? Jamás me lo imaginé al inicio de lo que creí que sería un año sabático. Así que deben tener los ojos abiertos para cuando empiecen a presentarse las opciones y las posibilidades. Tuve que aprender a estar atenta, y luego a armarme de valor para ir tras ellas.

Lisa: La mayoría de las mujeres de tu edad no solo ya se jubilaron, sino que lo hicieron hace unos diez años. ¿Qué te inspira a seguir trabajando?

Paola: Jamás se me ocurrió detenerme. ¿Para qué? No puedo imaginarme sin utilizar lo que sé y lo que está en mis manos para tratar de cambiar el mundo. Sería un desperdicio. Solía tener una pesadilla recurrente en la que Baryshnikov venía a decirme: "Ya no voy a bailar más", y su comentario me hacía llorar, movida por el miedo y la desesperación, porque era un gran desperdicio de talento. Y por supuesto, eso era un reflejo de mi propio miedo. No logro imaginarme por qué tendrías que detenerte, si puedes continuar haciendo un trabajo importante.

ANNE WAY

TENÍA 77 AÑOS CUANDO COMPLETÓ UN VIAJE INDIVIDUAL EN BICICLETA DE 3000 KILÓMETROS, DE CANTERBURY, INGLATERRA, A EDIMBURGO, ESCOCIA.

TAO PORCHON-LYNCH

COMENZÓ A ENSEÑAR YOGA A LOS 53 AÑOS, Y A LOS 100 ES LA MAESTRA VIVA DE MAYOR EDAD EN EL PLANETA.

EVE FLETCHER

FUE UNA ESTRELLA AMATEUR DEL SURF A LOS 83 AÑOS.

DIANA NYAD

FUE LA PRIMERA PERSONA EN NADAR DE CUBA A FLORIDA SIN JAULA DE TIBURONES, A LOS 64 AÑOS DE EDAD.

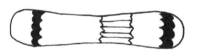

DONNA VANO

FUE LA SNOWBOARDER PROFESIONAL MÁS VETERANA, CON 61 AÑOS.

Atletas EXTRA-ORDINARIAS

JOAN BENOIT SAMUELSON

GANÓ LA PRIMERA MARATÓN FEMENINA OLÍMPICA EN 1984. CONTINUÓ CORRIENDO TODA SU VIDA, Y EN LAS PRUEBAS DE CLASIFICACIÓN PARA LAS OLIMPÍADAS DE 2008, CON 50 AÑOS DE EDAD, MARCÓ UN NUEVO RÉCORD ESTADOUNIDENSE EN SU CATEGORÍA.

GLADYS BURRILL

CORRIÓ SU PRIMERA MARATÓN A LOS 86 AÑOS, Y A LOS 92, EN 2010, SE CONVIRTIÓ EN LA MUJER DE MAYOR EDAD EN TERMINAR UNA, RÉCORD QUE MANTUVO HASTA 2015.

ERNESTINE SHEPHERD

ES UNA FISICOCULTURISTA PROFESIONAL DE 82 AÑOS DE EDAD.

ROSALIND SAVAGE

FUE LA PRIMERA MUJER EN REMAR INDIVIDUALMENTE LOS "TRES GRANDES" OCÉANOS: EL ATLÁNTICO, EL PACÍFICO Y EL ÍNDICO, A LOS 43 AÑOS.

HARRIETTE THOMPSON

EMPEZÓ A CORRER A LOS 76 AÑOS Y ACTUALMENTE ES LA MUJER DE MAYOR EDAD EN COMPLETAR UNA MARATÓN, CON 92 AÑOS Y 65 DÍAS.

OLGA KOTELKO

SE INICIÓ EN EL ATLETISMO A LOS 77 AÑOS, Y ANTES DE SU MUERTE OBTUVO 34 RÉCORDS MUNDIALES EN SU CATEGORÍA DE EDAD.

Julia Child ya se dedicaba a divulgar la gastronomía francesa a los cocineros amateurs, con su inolvidable exuberancia y vasto conocimiento, mucho antes de que los chefs famosos y las estrellas de los programas culinarios fueran algo común. Su llegada tardía a la cocina —comenzó a cocinar en serio recién a sus más de 30 años— la ayudó a conectarse con sus televidentes y a compartir su pasión.

Julia nació en 1912 en Pasadena, California. Luego de graduarse de la universidad, tuvo aspiraciones como escritora y anheló vivir experiencias que fueran más allá de su educación convencional; pero la Segunda Guerra Mundial inició y ella seguía sin encontrar su llamado. Con 1,88 m de estatura, Julia quedó decepcionada cuando le dijeron que era demasiado alta para sumarse al cuerpo femenino del ejército, así que se enlistó en la Oficina de Servicios Estratégicos (OSS, por sus siglas en inglés) y la enviaron al extranjero. En Ceilán conoció a otro empleado de la OSS, Paul Child, quien no solo se convertiría en su esposo, sino también en su representante, fotógrafo, corrector de estilo, ilustrador, y su principal animador.

El camino de Julia para llegar a ser un ícono de la cocina inició cuando el Departamento de Estado asignó a Paul en Francia, donde ella probó el primero de muchos platillos que la transformaron. Como fue educada en un ambiente privilegiado en el que la cocina se dejaba en manos de la servidumbre, Julia se dedicó a aprender a cocinar y tomó clases en el famoso Cordon Bleu, donde por fin encontró el que sería el trabajo de su vida. Julia le escribió a su cuñada: "De verdad, entre más cocino, más me gusta hacerlo. Pensar que me llevó cuarenta años encontrar mi verdadera pasión (salvo por el gato y mi esposo)". Inauguró una escuela de cocina y comenzó a colaborar con Simca Beck para adaptar los platillos franceses al público estadounidense. Tardó diez años en terminar su libro *El arte de la cocina francesa*, el cual investigó meticulosamente y los editores rechazaron varias veces.

Cuando por fin se publicó esa obra producto del amor, Julia había cumplido los 50 años y Paul se había jubilado. Luego de que el público quedara cautivado cuando ella apareció en un programa de televisión para promover su libro, le ofrecieron su propio espacio, *The French Chef*. Su voz temblorosa y los derrames esporádicos que le ocurrían durante la preparación hacían que el público la sintiera más afable y humana, aunque ella preparaba incansablemente las emisiones, dedicando horas a la investigación y a practicar para asegurarse de presentar las mejores técnicas. Julia continuó escribiendo libros de cocina, produjo y protagonizó una serie de programas televisivos, ganó un Premio Peabody y varios Emmy. Trabajó de forma activa casi hasta su muerte en 2004, a la edad de 92 años.

VERDADERAS RAÍCES

por

Ronnie Citron-Fink

En cuanto tomé asiento junto a mis colegas en la junta de negocios en Washington, D. C., para discutir la reforma al manejo de los químicos tóxicos, pude sentir cómo se tensaba mi cuero cabelludo. La científica ambiental a quien escuchábamos comenzó a hablar sobre la acumulación de bajos niveles de químicos que los productos de higiene personal dejaban en nuestros cuerpos. Mientras recitaba de un tirón la lista de químicos, me dejó pasmada la profunda contradicción que había en mi vida.

Trabajaba para una gran organización ambiental. Iba a cumplir 60 en tres años. Durante más de veinticinco años, como muchas mujeres que cuidan su aspecto, formaba parte de ese 75 por ciento de estadounidenses que se tiñen el cabello. Mi objetivo personal al teñírmelo era que tuviera una "apariencia natural" para complementar mi estilo de vida natural. Para conseguirlo, dedicaba hora tras hora, así como miles de dólares, a tratar de conseguir el color de cabello que señalaba el eslogan de la empresa: "Color de cabello único en ti". Pero ¿a quién quería engañar? Lo que quedaba de único en mí estaba enterrado bajo varias capas de tinte.

—Ftalatos, parabenos, tintes sintéticos, estearatos... Apenas empezamos a entender de qué

forma estos químicos afectan la salud a largo plazo —entonó la científica.

—¿Por qué exponemos nuestros cuerpos a químicos dudosos? —preguntó una joven colega, mientras se limpiaba el labial.

—La gente prefiere ignorar los riesgos potenciales a cambio de la comodidad, el precio y la belleza —respondió la científica—. Muchos de estos productos prometen ser una fuente de la juventud.

Como escritora ambientalista, sabía que desde la Segunda Guerra Mundial se han inventado más de 80 000 químicos nuevos. A mediados del siglo XX, la generación de la posguerra buscó tener "días felices" como los que la empresa DuPont anunciaba: "Una vida mejor gracias a la química". No fue sino hasta que se publicó el revolucionario libro de Rachel Carson, *Primavera silenciosa*, en 1962, que se planteó la cautela de preservar lo que físicamente necesitamos para sobrevivir, y de amar lo que debemos proteger.

La mayoría de las personas daba por sentado que los químicos contenidos en los productos de consumo habían sido analizados y que demostraron ser seguros, pero ese no era el caso. Lo más probable es que Carson se sorprendiera si se enterara de que cincuenta años después de su llamada de alerta, seguimos sin saber qué hacer con los químicos peligrosos. ¿Por qué? Porque nos manejamos bajo el supuesto de que si algo circula en el mercado, eso significa que de alguna manera fue aprobado o vetado, cuando en realidad la abrumadora mayoría de los químicos —en especial los que se encuentran en los cosméticos— nunca han sido examinados de forma independiente para demostrar que son seguros.

La Administración de Alimentos y Medicamentos (FDA, por sus siglas en inglés) de Estados Unidos "regula" la seguridad del maquillaje, las cremas humectantes, los productos de limpieza, los barnices de uñas y los tintes para el cabello. Pero de acuerdo con su propia página web, "la FDA no cuenta con autoridad legal para aprobar los productos cosméticos antes de que salgan al mercado", y aún más, "... las empresas pueden emplear casi cualquier ingrediente de su elección". Los productos de cuidado personal constituyen una industria de 50 mil millones de dólares en Estados Unidos, y con ese antecedente se espera que la industria de los cosméticos se vigile a sí misma. Esperamos que los funcionarios electos aprueben regulaciones firmes para proteger a los ciudadanos de aquellos que se benefician financieramente al envenenarnos. Pero esas expectativas no siempre se vuelven realidad.

Aquella reunión en la que participé en Washington fue mi llamada de alerta. Me di cuenta de que había llegado el momento de confesarlo; era momento de reconciliar mi conocimiento acerca del bajo mundo de las toxinas que consumimos —un agujero sin fondo que disfrazan como la fuente de la eterna juventud—, con la realidad de mi vida cotidiana y lo que yo le estaba haciendo a mi propio cuerpo. En ese momento me prometí dejar de teñir el elemento que caracterizaba mi atractivo: mi largo cabello oscuro. En cuanto terminó la junta, salí como un rayo de la sala de conferencias e hice una llamada al salón de belleza. Solo me quedaba esperar que mi vanidad encontrara la manera de congraciarse con mis creencias de salud ambiental que tenía profundamente arraigadas.

Fui al salón de belleza convencida de que mi peluquera de confianza llevaba en el bolsillo trasero, junto con sus tijeras, una estrategia para hacerme "encanecer", es decir, una nueva idea en su catálogo infinito de conocimientos contra la edad. Rodeada por el caluroso zumbido de las secadoras de cabello, por los olores de la mezcla química de tintes y por la vista de aquellas escalofriantes muestras circulares de cabello artificial en varios tonos, ahora todo me parecía la coreografía de un baile obsoleto.

Mientras planeaba cómo dar la orden de cese y desista, alcanzaba a ver a mi peluquera con capa y guantes protectores detrás de la media pared. Daba golpecitos con su varita mágica a la pasta salobre que estaba preparando para cubrirme las raíces.

—Hoy solo un corte. Quiero dejar de teñirlo —dije, conteniendo el aliento mientras ella revisaba intensamente mis raíces. Esas raíces que me empezarían a crecer en cuanto saliera por la puerta.

—¿Cómo te gustaría? —me preguntó amablemente, como si no acabara de lanzar una bomba Molotov a mi mundo de color embotellado para el cabello.

Miré alrededor buscando respuestas y noté los carteles que había en las paredes, en los que aparecían modelos jóvenes con su cabello sedoso y sexy, tentándome a aceptar el "color vibrante y resistente, con un brillo sorprendente". ¿Dónde estaban las mujeres mayores, elegantes y a la moda que recientemente agraciaron las páginas del *New York Times*? Las interesantes, descriptas como "… mujeres que se divierten. [El cabello gris] es un reflejo de su confianza y el desenfado para ser ellas mismas".

Me di cuenta de que llevaba años leyendo aquellos carteles —como si el hecho de teñir mi cabello me viera directamente a la cara— y, sin embargo, nunca había pedido que me dejaran revisar los ingredientes que tenía el tinte. Visto en retrospectiva, en realidad no estaba segura de cómo había alcanzado ese grado de negación; yo, la activista ambiental que lee cada etiqueta como si fuera una agente del FBI que revisa un caso sin resolver, analizándolo en busca de nuevas pistas.

"…fenilenediaminapersulfatoshidrogenoperoxidolacetato…".

Ahora que por fin leía los químicos en la ficha de datos de seguridad, las fronteras entre las palabras se desdibujaban en una mancha caótica. En mi visión limitada, apenas escuchaba el plan de transición que estaba proponiendo mi peluquera.

—Tienes dos opciones: reflejos oscuros o cortártelo. Ronnie… —me dijo, con un tono íntimo que me puso la piel de gallina—, tu cabello largo te da personalidad, y las canas van a hacer que tu tez se vea pálida. Así que sugiero darte un efecto de varios tonos, unos cuantos reflejos oscuros y cortarlo un poco. Si no, va a parecer que te diste por vencida.

Las mujeres no dejan que su cabello encanezca. Este lo hace solo. Cubrirlo es una ilusión para demostrar que no nos hemos rendido. Mi peluquera ocupaba un papel descomunal en mi belleza, en mi vida. Al escucharla, era fácil creer que si daba un paso en falso caería en espiral hacia una corriente interminable de problemas con mi cabello. Temiendo perder el valor, expresé abruptamente, quizás en voz demasiado alta: "¡Voy a dejar que me crezca al natural! Sin color". A pesar del zumbido de las secadoras de pelo, varias cabezas voltearon a verme.

Me fui del salón solo con un despunte de cabello, animada por mi conciencia que por fin salía a la luz.

De pronto fue real el hecho de que mis ideas sobre la belleza y la identidad podían volverse en mi contra al poner en riesgo mi salud. Me enfrentaba al dilema de encontrar una manera de hacer que mi exigente melena pasara de un castaño oscuro a un tono "natural" (sea lo que eso fuera), sin la ayuda provisional de los tintes.

LAS FLORES IGNORAN SI SE ABREN EN TEMPORADA O DESPUÉS. LO HACEN EN EL MOMENTO JUSTO.

DEBRA EVE

Sabía que era cuestión de días antes de que una mecha de zorrillo se alojara en mi cabeza. A pesar de mi anhelo de quedar libre de químicos, la historia de mi "aspecto juvenil" que estaba a punto de terminar me despertaba algunas preguntas inquietantes:

¿Debo considerar esto como otra derrota menopáusica? ¿Hay alguna forma de resolver el rompecabezas de cómo lidiar con mis raíces que pronto van a brillar como la luna? ¿Puedo resistir la tentación de teñirlo o arreglármelo... con un elíxir que no sea tan dañino y que, al final, solo me obligara a regresar al lavabo a ver cómo el agua ennegrecida escapa por el drenaje? ¿La

espantosa absorción del tinte oscuro ya causó sus daños y perjuicios en mi cuerpo? ¿En mi planeta? Y... de verdad... ¡¿qué tan mayor luciré?!

Estaba decidida a no convertirme en un experimento científico, pero continué luchando con estas preguntas las siguientes dos semanas. Para entonces, mis brillantes raíces plateadas me anunciaban burlonamente que este proceso sería como una meditación para desarrollar mi paciencia. No se trataba únicamente de esperar a que me creciera el cabello, pues la naturaleza pública de lo que estaba haciendo aumentó la apuesta, y me exigía sacrificio y aceptación.

—¿Te lo estás dejando gris para ser más ecológica? —me preguntó una vieja amiga, hablando en serio.

—Podría decirse que sí. El mejunje que nos untamos en el cuero cabelludo cuando nos teñimos el pelo solo puede ir a dos lados: a nuestros cuerpos y al drenaje, y eso es un doble golpe mortal al medio ambiente. ¿No te preocupa?

Con mi conciencia reciente, en privado me daba de golpes en la cabeza por la frustración, pensando: *¿No le inquieta a todo el mundo?*

—Mi madre tiene 85 años y se lo sigue tiñendo. Creo que el color es 'beige frívolo' —respondió mi amiga.

—He estado investigando —agregué— y en los tintes se usan más de 5000 químicos, algunos de ellos son cancerígenos en animales. El cuero cabelludo tiene una importante red de vasos sanguíneos y el tinte que se absorbe cada dos o tres semanas seguramente influye en nuestra salud. Además, la Sociedad Americana contra el Cáncer señala que el Programa Nacional de Toxicología ha clasificado algunos químicos que se usan, o se utilizaron, en los tintes para el cabello, que "sugieren la presencia de cancerígenos humanos".

—Entonces, ¿por qué todas se lo siguen tiñendo? —me preguntó.

—Sabemos que la exposición a ciertas toxinas ambientales está relacionada con la enfermedad. Somos conejillos de indias. ¿Por qué? Por la belleza.

—Cada una con sus gustos —fue su respuesta.

Después de esa conversación, llegué a sospechar que no ganaría ningún concurso de popularidad si cada vez que una mujer preguntaba sobre mi decisión, me ponía a darle una lección de química.

En lugar de eso, desarrollé un "radar de canas". Comencé a detectar a las mujeres que transitaban por todas las etapas de decoloración para llegar a su cabello natural. Las veía en el supermercado, en el tren, en las redes sociales, en artículos de revistas. Llegué a adorar a esas mujeres sin adornos. Estaban desafiando las reglas, adoptaban la ciencia y reimaginaban la belleza. Verlas a mi alrededor me ayudó a aceptar mi propio y lento camino.

Pasar por ese cambio en el cabello implica enfrentar una serie de verdades y consecuencias, pues hay que cabalgar por los precipicios de la edad, la belleza y la salud. Al mostrar mis verdaderas raíces, me uní a una formidable hermandad de mujeres que se lanzan al vacío y hacen pública su pertenencia a la mediana edad. Parecía que sería un largo descenso. Por suerte, ya no lo veo como antes.

Ronnie Citron-Fink es escritora y la directora editorial de Environmental Defense Fund's Moms Clean Air Force. Es la fundadora del blog *Econesting* y está trabajando en un nuevo libro: *UNCOLOR: Do or Dye Essays.*

Mary Delany tenía 72 años cuando notó que un trozo de papel de color coincidía con el pétalo caído de un geranio, lo cual la inspiró a crear el primero de casi mil "mosaicos" de papel recortado con temas botánicos, elaborados con sumo detalle. Era el período de la Ilustración, en el siglo XVIII. Mary fue pionera en el arte del collage como lo conocemos en la actualidad.

Los primeros años de la vida de Mary se dejan leer como una novela de Jane Austen. Nació en Inglaterra, en 1700, en el seno de una familia aristocrática de pocos recursos. Pasó su niñez con familiares, con quienes aprendió música, bordado y danza, con la esperanza de llegar a ser dama de honor en la corte. En lugar de eso, contrajo matrimonio a la edad de 17 con un terrateniente alcohólico que era 45 años mayor que ella, y a quien ella señalaba en sus cartas como "mi carcelero". Enviudó a los 23, y solo recibió un modesto salario, el cual le bastó durante los siguientes veinte años para saborear su independencia y cultivar la amistad de personajes como Jonathan Swift, Handel y la duquesa de Portland.

A los 43 años, encontró una segunda oportunidad de matrimonio y la primera de conocer el amor, con Patrick Delany, un clérigo irlandés. Se mudó a Dublín, donde ambos disfrutaron de su pasión compartida por las plantas y la botánica, cultivando un frondoso jardín en su propiedad, hasta la muerte de Patrick, ocurrida veinticinco años después. Mary enviudó por segunda vez a los 68 años, pero contó con la amistad de la duquesa de Portland, quien había reunido una colección impresionante de ejemplares de historia natural y, además, compartía el amor de Mary por las bellas artes y la decoración.

Si bien Mary siempre había tenido dotes artísticas —elaboraba elegantes vestidos, bordaba y recortaba siluetas—, el descubrimiento de que podía ilustrar la delicada complejidad de las flores usando varias capas de papel terminó convirtiéndose en su medio expresivo y en su verdadera pasión. "Inventé una nueva manera de imitar a las flores", le escribió con gran emoción a su sobrina cuando tenía 72 años. Utilizaba papel teñido a mano y restos de tapiz para diseñar las ilustraciones con increíble detalle, empleando cientos de trozos en cada imagen, para crear al mismo tiempo hermosas obras de arte y documentos de gran exactitud botánica. A pesar de que su visión comenzó a debilitarse hacia el final de su vida, Mary continuó su delicada búsqueda hasta su muerte, en el año 1788.

Cheryl Strayed

Cheryl Strayed tenía 43 años cuando publicó *Salvaje*, su famosa autobiografía. Le tomó dos años y medio escribir sobre los pasos, retos y revelaciones que enfrentó durante su recorrido de tres meses y 1800 kilómetros, del desierto de Mojave al noroeste del Pacífico; y no tardó ni dos minutos para que el libro concluido entrara a la lista de best sellers de *The New York Times*. En los meses que siguieron, Cheryl conoció la fama inmediata, pues su trabajo entró al Club del Libro 2.0 de Oprah y fue llevado al cine por la actriz Reese Witherspoon y el guionista Nick Hornby. *Salvaje* fue una locura. El libro es un best seller internacional y recibió los premios Barnes & Noble Discover Award y el Oregon Book Award. Cheryl también es autora de los best sellers de *The New York Times: Pequeñas cosas bellas* y *Brave Enough*. Su primera novela, *La vida que nos lleva*, se editó en 2007. Sus ensayos han figurado en la *New York Times Magazine*, el *Washington Post*, *Vogue* y *Tin House*, entre otras publicaciones, y su trabajo se ha incluido en tres ocasiones en la antología de ensayo *The Best American Essays*. Asimismo, de 2010 a 2012, fue la autora anónima de la popular columna de consejos Dear Sugar, de la revista en línea *The Rumpus*, de la cual ahora es copresentadora en un podcast. Actualmente, vive y trabaja en Portland, Oregón.

Lisa: Trabajaste muchos años en la escritura, pero no fue sino hasta hace poco, recién a los 40 años, que publicaste el libro que te hizo muy conocida. Me he topado con muchas artistas jóvenes que imaginan que con alguna fórmula mágica pueden conseguir el "éxito inmediato". ¿Cómo describirías el papel que jugaron el contar con un objetivo, trabajar y ser paciente en tu recorrido?

Cheryl: Ya era una escritora exitosa mucho antes de que se publicara *Salvaje*. Lo que llegó con ese libro no fue el "éxito", sino una locura que cayó como un relámpago. Siempre me sorprende que la gente suponga que alcancé el éxito a los 40. De hecho, como escritora tuve una trayectoria profesional en ascenso bastante estable, y todo se debe, como dijiste, a que todos los días me ponía a trabajar. Comencé a publicar pasados los 20 años. Cuando llegué a los 30, ya había ganado varios premios y becas y me publicaban en revistas prestigiosas, además de obtener mi maestría en escritura creativa. Pasando los 35 años le vendí mi primera novela a una editorial importante, la cual fue bastante reseñada y tuvo buenas ventas. Por otro lado, continuaba publicando mis ensayos en lugares destacados y también daba clases de escritura. Era conocida en el medio literario. Después apareció *Salvaje* y con él llegó la fama y el acceso a un público internacional mucho mayor. Fue sorprendente y maravilloso, pero para mí no significó consolidarme como escritora. Ya

NUESTRA FUERZA CONSISTE EN CÓMO VIVIMOS NUESTRAS VIDAS. ASÍ QUE COMIENZA A VIVIRLA. CHERYL STRAYED estaba en ese punto y continúo ahí, trabajando muy duro. Esa es la fórmula mágica: trabajar.

Lisa: Una de las experiencias que más me cambió la vida y que aprendí en los últimos diez años, es la fuerza que te da aceptar *todas* tus experiencias, y esto es algo sobre lo que tú también has escrito. ¿Por qué es tan importante esta idea de responsabilizarnos y aprender a amar la totalidad de nuestras vivencias, incluso las cosas que nos hacen temblar de miedo o que normalmente nos harían sentir avergonzadas?

Cheryl: Llevo mucho tiempo creyendo que nuestros errores y fracasos son enseñanzas, en la misma medida que nuestras victorias y éxitos. Cuando reconoces el abanico completo de tus posibilidades —como alguien que puede ser maravillosa y alguien que a veces no lo es tanto—, puedes poner toda la fuerza de tu humanidad en todo lo que hagas.

Lisa: Para ti, ¿cuál es la mejor parte de envejecer?

Cheryl: Sentirme más segura de quien soy. Siento mayor fortaleza y no me aflige decepcionar a las personas. Utilizo menos máscaras. Soy más amable conmigo y también con los demás.

Lisa: ¿Cómo consideras que se relaciona el perdón con la capacidad para madurar de una manera gozosa?

Cheryl: He escrito mucho acerca del perdón y, en general, se reduce al hecho de que cuando no perdonas a la gente que te lastimó (o perdonarte a ti misma por el daño que les hayas causado a otros), te quedas encerrada en ese conflicto. Para mí, perdonar en realidad significa aceptar. Aceptar que lo que es cierto es cierto. Es decir, eso ocurrió y sigamos adelante.

Lisa: ¿Cuáles son las tres principales enseñanzas que has aprendido en los últimos diez años?

Cheryl: 1. Decir que no es una forma de decir que sí. 2. Nuestras ideas acerca de las personas famosas son proyecciones de quienes somos, pero no un reflejo de quienes son ellos. 3. Todo el mundo tiene problemas. Todos lastiman. Todos queremos que nos digan que las cosas estarán bien.

Lisa: ¿Qué consejo les darías a las mujeres que tienen miedo de envejecer?

Cheryl: El miedo a envejecer se basa en la falsa idea de que nuestra fuerza proviene de las cosas que nos da la juventud: concretamente, la belleza. Mi consejo sería que reconozcan que esto siempre ha sido una mentira. Nuestra fuerza nunca ha consistido en qué tan hermosas seamos. Nuestra fuerza consiste en cómo vivimos nuestras vidas. Así que comienza a vivirla.

DRA. RUTH WESTHEIMER

TUVO SUS PRIMEROS MINUTOS AL AIRE COMO SEXÓLOGA A SUS 50 AÑOS Y CONTINUÓ TRABAJANDO DURANTE DÉCADAS EN EL CAMPO DE LA EDUCACIÓN SEXUAL.

ALEXANDRA DAVID-NÉEL

SE DISFRAZÓ DE MENDIGO A LOS 56 AÑOS Y RECORRIÓ A PIE EL HIMALAYA, CONVIRTIÉNDOSE EN LA PRIMERA MUJER OCCIDENTAL EN VISITAR LA CIUDAD TIBETANA DE LHASA, EN 1924.

ANNA LEE FISHER

ES LA ASTRONAUTA EN ACTIVO DE MAYOR EDAD, CON 67 AÑOS.

AVENTU-RERAS, CIENTÍFICAS Y ACTIVISTAS EXTRAORDINARIAS

AGATHA CHRISTIE

SE TOMÓ UN DESCANSO DE SU VIDA COMO ESCRITORA PARA CONVERTIRSE EN ARQUEÓLOGA, VIAJERA DEL MUNDO Y AVENTURERA A LOS 40 AÑOS.

COLETTE BOURLIER

RECIBIÓ EL DOCTORADO EN GEOGRAFÍA A LOS 90 AÑOS, LUEGO DE RECIBIR UNA CALIFICACIÓN EXCELENTE POR SU TESIS DE 400 PÁGINAS ESCRITA A MANO.

MARIA SIBYLLA MERIAN

ZARPÓ DE ÁMSTERDAM RUMBO A SURINAM PARA ESTUDIAR Y DIBUJAR INSECTOS Y PLANTAS TROPICALES A LOS 52 AÑOS, A FINALES DEL SIGLO XVII.

ROSE WILL MONROE,

MEJOR CONOCIDA COMO "ROSIE, LA REMACHADORA", EN 1970 CUMPLIÓ EL SUEÑO DE SU VIDA DE PODER VOLAR UN AVIÓN. TENÍA 50 AÑOS DE EDAD.

MELCHORA AQUINO,

TAMBIÉN CONOCIDA COMO LA "MADRE DE LA REVOLUCIÓN FILIPINA", DIO REFUGIO A LOS ENFERMOS Y OFRECIÓ UN LUGAR PARA QUE LOS REVOLUCIONARIOS SE REUNIERAN CUANDO TENÍA MÁS DE 80 AÑOS.

BARBARA HILLARY

SE CONVIRTIÓ EN LA PRIMERA AFROAMERICANA EN VIAJAR A LOS POLOS NORTE Y SUR, A LOS 75 Y 79 AÑOS DE EDAD RESPECTIVAMENTE.

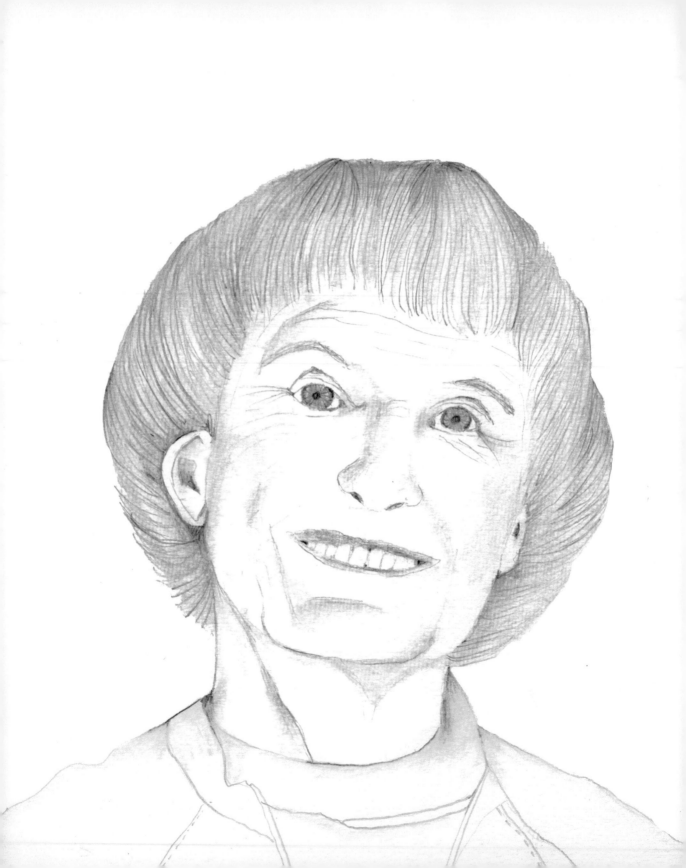

Madonna Buder, también conocida como la "Monja de hierro", la "Monja voladora" y la "Madre superiora del triatlón", forma parte de las Hermanas para la Comunidad Cristiana en Spokane, Washington. En 2012, a los 82 años, se convirtió en la persona de mayor edad en completar el triatlón Ironman —consistente en 3,9 kilómetros de nado en mar abierto, 180 kilómetros en bicicleta y correr 42,2 kilómetros— en un tiempo de diecisiete horas. Es la poseedora actual de la marca mundial.

Marie Dorothy Buder nació en San Luis, Misuri, en 1930. A los 23 años, y en contra de los deseos de su familia, tomó los votos de la Iglesia católica y se ordenó monja con las Hermanas del Buen Pastor, en San Luis. Sirvió allí hasta que la orden la envió a Spokane a inicios de los años 70. Abandonó el convento en ese período y se unió a las Hermanas para la Comunidad Cristiana, una orden poco tradicional.

A los 48 años, la hermana Madonna comenzó a correr, animada por un sacerdote que le detalló los beneficios de dicha actividad para la mente, el cuerpo y el espíritu. Con solo cinco semanas de haber empezado a entrenar, participó en su primera carrera: la Lilac Bloomsday Run, en Spokane. Continuó entrenando y completó su primer triatlón en Banbridge, Irlanda, a los 52 años. El trayecto era montañoso, el agua estaba helada y tuvo que andar la parte de ciclismo en una bicicleta de hombre, de segunda mano, que compró en un remate de la policía. Aquella carrera de 1982 la marcaría, y desde entonces ha completado más de 40 maratones y cerca de 360 triatlones, 45 de los cuales incluyen las distancias del Ironman.

A lo largo de su carrera como triatleta, ha sido pionera como participante en varios grupos de edad del Ironman, lo que permitió que la competencia abriera categorías para mujeres de 60, 70 y 80 años. A la edad de 75, fue la mujer de mayor edad en completar la carrera, marca que luego rompió el siguiente año a los 76 y de nuevo a los 79 años. Estaba decidida a lograr que abrieran la categoría femenina de mayores de 80, y lo consiguió en el Ironman Canadá de 2012, que fue la misma carrera en la que obtuvo la marca mundial y con la que se convirtió en la persona más veterana en completar esta competencia. En 2014, la hermana Madonna ingresó al Salón de la Fama del Triatlón en Estados Unidos.

Zoe Ghahremani dejó una carrera de dos décadas en la odontología para convertirse en escritora de tiempo completo a los 50 años de edad. En el año 2000, vendió su consultorio, renunció a su empleo como docente y se mudó de Chicago a San Diego. Ahora es la autora de dos novelas, *Sky of Red Poppies*, ganadora en 2012 del premio One Book, One San Diego, y *The Moon Daughter*, que ganó el premio de Mejor ficción en los San Diego Book Awards de 2015. También obtuvo el primer lugar del prestigioso California Stories, y en 2004 su obra obtuvo el galardón a Mejor ficción de la Santa Barbara Writers Conference. Como nació y creció en Irán, Zoe escribe en persa y en inglés, y utiliza la ficción como un medio para analizar su experiencia como mujer iraní. Cientos de sus cuentos y artículos se han publicado en Estados Unidos y en el extranjero, y ha sido oradora en universidades de todo el país, como la Universidad de Georgetown, la Universidad de California en Berkeley y la Universidad de Chicago, entre otras. Fue columnista de la revista *ZAN* y actualmente está por terminar dos nuevas obras de ficción.

Lisa: Cuéntanos acerca de tu primera carrera. Estudiaste para ser dentista y ejerciste la odontología durante 2 décadas. Incluso diste clases en la Universidad del Noroeste. ¿Cómo fue que la elegiste como tu primera carrera?

Zoe: Crecí en Irán, donde había un ambiente dictatorial en la familia, así que como era buena estudiante, mis opciones incluían medicina, odontología, ingeniería y profesiones por el estilo. Amaba la literatura. He sido escritora toda mi vida, desde la escuela primaria. A eso me quería dedicar, pero mi familia ni siquiera me escuchaba, decían: "¿De qué te va a servir la literatura? Cuando mucho serás profesora. ¿Y quién quiere dar clases cuando puedes ser doctora?". Así que en realidad no tuve alternativa. Lo mejor que conseguí fue que me redujeran la sentencia, de medicina a odontología.

Cuando me mudé a los Estados Unidos para casarme (conocí a mi esposo en Londres), me dijeron: "Si quieres ejercer, tienes que obtener tus acreditaciones estadounidenses". Me tomó más de dos años obtener los certificados y para entonces me había esforzado tanto, que tenía que sacar algún provecho de la profesión. Por eso ejercí durante años.

Y entonces un día, cuando tenía 50 años, mientras conducía rumbo a mi consultorio (que era muy exitoso, pues tenía cerca de cinco mil pacientes activos) y escuchaba una estación de la radio pública en Chicago, alguien citó el famoso dicho: "Si siempre has querido hacer algo, hazlo". Es un cliché, pero sentí como si me hubiera caído una cubeta de agua helada. *¿Por qué voy a mi consultorio?*, pensé. En ese momento tenía una grabadora colgando de mi espejo retrovisor, porque durante el viaje al trabajo dictaba *Sky of Red Poppies*, mi primera novela, para que mi secretaria la transcribiera. Ahora estaba pensando: *¿Qué estás haciendo? ¡Ya no tienes que ser dentista!* Ese día puse en venta mi consultorio.

Lisa: ¿Ocurrió el mismo día, literalmente?

Zoe: Ese mismo día publiqué el anuncio para venderlo. Mi secretaria debió creer que algo me golpeó y me hizo perder el juicio, porque cuando entré a la sala de espera, le di la grabación del día anterior y le dije: "Por favor, transcribe esto, y mientras lo haces, ¿por qué no escribes también un anuncio para publicar en alguna revista que se vende el consultorio?", a lo que ella me respondió: "¿Qué sucedió, doctora? ¿Qué pasó?". Solo le dije: "Nada, acabo de decidirlo".

Lisa: Dijiste que siempre fuiste escritora y que te encantaba hacerlo desde que eras una niña.

Zoe: Sí. ¿Y sabes qué es lo interesante? Ni una sola vez, ni una, soñé con ser dentista. ¿Puedes creerlo? Ni una vez. Eso te dice lo poco que me interesaba serlo.

En mi familia, fui la menor de siete hermanos, y perdí a mis padres a una edad temprana. En el Medio Oriente, tienes que respetar a tus hermanos mayores. Si dicen que te calles, no puedes responderles: "Cállate tú". Simplemente guardas silencio. Así que escribía mis reacciones en un diario. Pero el hecho es que desde niña todos sabían que llevaba la poesía y la escritura en mí. En la escuela secundaria

escribí una novela (siempre eran historias muy oscuras) y a mi profesora le gustó tanto que la clase de Literatura terminaba diez minutos antes para que pudiera leerle al grupo los episodios de mi obra.

Después escribí otra novela. Por desgracia, ambos manuscritos se perdieron. En aquellos días escribía a mano y solo tenía una copia, así que si se extraviaba, ¡se acabó! De hecho, una amiga caligrafió la copia de la historia que escribí acerca de una niña muda, y mis compañeros aún la recuerdan. Siempre recibí un gran apoyo de mis profesores de Literatura, y nunca me rendí.

Como mi familia no quería que fuera escritora, publicaba cuentos para una revista bajo un seudónimo. Me llamaba Pájaro solitario, y muy pocas personas sabían que era yo. Algunos de mis textos se hicieron populares y gané premios con mis poemas, pero cada vez que sacaba el tema de estudiar literatura, la respuesta era un rotundo *no*. Ahora que soy madre, creo sospechar que una de las razones pudo deberse a que mis poemas e historias eran muy oscuras y tristes, y mi familia no quiso alentarme a tomar ese rumbo. Querían que fuera en la dirección opuesta y que enfrentara las realidades de la vida. Espero que ese haya sido uno de los motivos.

Lisa: ¿Cómo te sientes ahora que eres mayor?

Zoe: ¡Comencé a vivir! Cuando alguien me pregunta mi edad, les digo que tengo 19 años. Porque en realidad comencé a vivir desde

que se publicó mi primer libro en el año 2000.

Lisa: Tu escritura se concentra en la cultura y la historia iraníes, y las experiencias de las mujeres son la guía. ¿Cómo influyó en tu trabajo tu experiencia como inmigrante?

Zoe: Mi historia como inmigrante es ligeramente distinta a la de la mayoría, o por lo menos de la mayor parte de los iraníes de los que uno se entera. Me mudé a este país años antes de que sucediera la Revolución islámica y los cambios que siguieron. Cuando vivía allí, todos iban a estudiar al extranjero y regresaban a Irán en busca de buenos empleos. Vine a los Estados Unidos a casarme, y lo más negativo de ese matrimonio fue que no viviría en Irán. Migrar implicó un cambio enorme y un favor que le hice a mi esposo, para que estuviéramos donde él quería vivir.

La parte positiva fue el nuevo estilo de vida: su pureza. Cuando vives en el extranjero no ves nada de eso; ves a los estadounidenses como gente prepotente a los que solo les interesa el dinero, y para quienes nada es hermoso o natural. Pero luego llegas aquí y te encuentras con un mundo completamente distinto. Me encantó. Lo acepté. Y hoy aún lo hago. Así que migrar tiene su lado positivo y negativo. Otra diferencia fue que no me topé con una barrera en el lenguaje ni tuve un choque cultural. Había crecido rodeada principalmente de la cultura europea; no me tuve que adaptar a la comida, al idioma o al estilo de vida.

Pero ¿por qué escribo acerca de Irán? Los autores siempre dicen que hay que escribir sobre lo que uno conoce mejor. Nadie más podría contar mis historias acerca del país. Son mías, son lo que mejor conozco. Es cierto, podría crear un cuento acerca de las personas de La Jolla, que es donde vivo ahora, y los personajes serían la gente de mi vecindario, pero entonces otros autores también podrían escribirlas, e incluso lo harían mejor.

Mis lectores a menudo me dicen que mis palabras los transportan a un mundo distinto. ¿Y no es esa la tarea del escritor? Por eso me concentro en temas relacionados con Irán.

Lisa: ¿De qué manera eres ahora una escritora distinta de la que eras de joven?

Zoe: De muchas maneras. En primer lugar, cuando me mudé a este país quise cambiar, pasé de escribir en persa a hacerlo en inglés. Mi primer libro fue en persa, pero ahora quería probar en inglés, en especial con *Sky of Red Poppies*, porque escribí la mayor parte pensando en mis hijos. Me dije: "Aun si nadie lo lee, quiero tomarlos de la mano y llevarlos a una vida y una época que nunca verán". Lo escribí para ellos, y no sospeché que le gustaría a tanta gente. Cuando vine a La Jolla, lo primero que hice fue inscribirme a clases de escritura creativa en la Universidad de California en San Diego. Pronto descubrí que hay una enorme diferencia entre escribir en inglés y en persa: los estilos son distintos, igual que las reglas.

Mientras más experiencia tengo, mi escritura ya no solo se trata de mí. Lo que escribía de joven siempre era personal. Conforme envejeces y conoces el mundo, se vuelve más interesante escuchar que hablar. Escuchas y oyes nuevas voces. Pueden ser de tu pasado, del presente o del futuro, hay muchas voces por oír. Tienen mayor importancia que tu propia voz. En mi primera novela usé como narradora a mi mejor amiga de la preparatoria. En mi segundo libro, me basé en una mujer que conocí. Es decir, son obras de ficción y no toman exactamente lo que ocurrió, pero las voces son auténticas. En el libro que estoy escribiendo ahora, *The Basement*, la voz es de la clase trabajadora.

Lisa: Cuando hablas en público dices que hay que perseguir nuestros sueños. ¿Qué consejo les darías a las mujeres mayores que están pensando en iniciar una nueva carrera o salir de su prisión personal para cambiar su vida de una forma significativa?

Zoe: A veces me invitan a centros de retiro donde conozco a gente mayor que tiene muchas preguntas. ¡Te sorprendería saber cuántos escritores hay entre ellos! Les digo que todo depende de cómo percibas tu situación. Podría haber considerado que mi carrera era un asunto terminado: "Me convertí en dentista, nunca fui escritora, así que mi tiempo acabó". Pero al verme ahora, cuatro libros después, ¡veo una carrera bastante exitosa como una escritora feliz!

Y lo que provocó ese cambio fue que decidí que si solo me quedaba un día de vida, entonces así quería vivirlo. Las estadísticas nos engañan constantemente, y decimos:

"Bueno, ese adolescente puede soñar con ser esto o aquello, pero como yo soy mayor, para mí se acabó". Pero ¿quién te lo asegura? Suelo preguntarle a mi público algo que leí en una tarjeta de cumpleaños: "¿Cuántos años tendrías si no supieras tu edad?". Les digo que si no tuvieran acta de nacimiento ni memoria y no hubiera espejos, y alguien se les acercara en la calle y les preguntara: "¿Cuántos años tienes?", ¿qué edad sería? Cuando lo piensan, invariablemente se sienten veinte años más jóvenes de lo que dice su certificado.

La esperanza de vida promedio, en especial para las mujeres, es de entre 80 y 90 años. Les comento: "Algunas tienen 60, ¿y qué van a hacer los próximos treinta años? ¿Quedarse sentadas y darle vueltas a lo que no pasó, o hacerlo ahora?". Tenemos ciertos límites. Si quieres ganar una medalla olímpica a los 70 años y nunca has movido un dedo, olvídalo. Pero si eres escritora, si sueñas con viajar, si eres artista, hay tanto que puedes hacer. Es muy satisfactorio saber que viviste el momento con el que habías soñado.

NO ENVEjECEMOS
CON LOS AÑOS,
MÁS BiEN,
NOS RENOVAMOS
CADA DÍA.
EMiLy
DiCKiNSON

MUCHACHA, NO SABES NADA

por

Tara Rodden Robinson

"Muchacha, no sabes nada", fue el comentario de mamá, dicho con su marcado acento sureño, en respuesta a mi comentario de autocompasión. En su defensa puedo decir que mi madre tiene 83 años, por lo que su perspectiva de la edad es bastante distinta de la mía a los 54.

Mis quejas contra el envejecimiento incluyen una menor resistencia, la aparición de arrugas alrededor de mis ojos (sin mencionar el pronunciado surco en mi entrecejo) y el gasto en los servicios profesionales de quien me tiñe el cabello. En cambio, la letanía de achaques de mi madre es más grave: rigidez en las articulaciones y dolor muscular, soledad y la preocupación por los disparates de la bolsa de valores que afectan sus ahorros.

Cuido de no quejarme demasiado cuando estoy en su presencia, porque invariablemente ve con malos ojos mis penas de la edad cuando las compara con las de ella. No la culpo. Estoy segura de que sueno como la adolescente malcriada que a veces parece seguir viendo en mí.

Pero no todo es malo cuando se envejece, para ninguna de las dos.

Reconozco que hay algunas mañanas en las que veo a las jóvenes de mi clase de Ashtanga yoga y me siento como una vieja decrépita (y todas son más chicas, pues yo soy la mayor del grupo). Pero cuando las escucho quejarse de sus citas, entonces no me importa ser la señora casada que solo sonríe y por dentro celebra llevar más de 20 años con su esposo. Incluso estando en compañía de estas jóvenes yoguinis de cuerpo firme, puedo admitir que ser mayor tiene beneficios reales y que estar en mis 50 es un regalo que recibo a diario. Esto es verdad incluso estando toda sudada en mi clase de yoga de las 7 a.m., viendo a la estudiante estrella que, irónicamente, se llama Estrella, mientras se dobla y desdobla en todo tipo de posiciones imposibles.

Una yoguini, por si no están familiarizadas con la palabra, es el término femenino para una practicante de yoga (yogui es la forma masculina). "Una verdadera yoguini es una mujer iluminada con pasión exuberante, poderes espirituales y profunda conciencia", señala Shambhavi Chopra en su libro *Yogini: Unfolding the Goddess Within*. Aunque no puedo asegurar ser una iluminada, estoy más que dispuesta a decir que poseo las tres cualidades que Chopra

describe: soy exuberantemente apasionada, con fuerza espiritual y me esmero por alcanzar una conciencia profunda. Todos estos dones apenas aparecieron en los últimos 10 años y es evidente que han sido el fruto de practicar yoga.

De hecho, el recorrido que me llevó a ser una yoguini comenzó en mi adolescencia. Me encantaría poder decir que he practicado yoga sin interrupción desde que tenía 16 años pero,

tristemente, no es así. Crecí en el norte de Luisiana a mediados de los 70, y el único yogui al que todos conocían era al jugador de béisbol, Yogi Berra. Sin embargo, casi por milagro descubrí a dos grandes maestros que me influyeron de por vida: B. K. S. Iyengar y Lilias Folan.

Si sabes algo sobre yoga, es probable que sepas quién fue Iyengar. Su libro, *La luz del yoga*, es un clásico que ha guiado a miles de yoguis y yoguinis en su práctica de las ocho ramas o aspectos del yoga. Por desgracia, hace varios años extravié la copia que compré cuando estaba en la preparatoria, pero nunca perdí la influencia que tuvo dicha lectura en esa época crucial de mi desarrollo. ¿De qué otra forma puede explicarse que una chica oriunda de una región campesina, atrasada y provinciana, se haya convertido en una bohemia ecléctica que abraza árboles? Fue por medio de Iyengar que descubrí el vegetarianismo, la meditación y el concepto de *ahimsa* (el principio de no lastimar). Si hay alguien a quien darle el crédito por haberme puesto de por vida en el sendero del ambientalismo, es a B. K. S. Iyengar.

Pero no hay que olvidar a la querida Lilias Folan, quien para mí fue una maestra más tangible y de quien, gracias a su programa de televisión, *Lilias, Yoga and You*, conocí las posturas (propiamente llamadas "asanas") que practico hoy en día. Comencé a ver el programa de Folan a los 16 años y de inmediato inicié mi estudio de yoga casero, conmigo como única practicante. Para mi sorpresa, a mi madre conservadora y bautista del sur le interesó lo que hacía y apoyó mi iniciativa, a pesar de que ella nunca había escuchado acerca del yoga. Decía que las posturas eran hermosas y admiraba mi flexibilidad juvenil. Por desgracia, no estaba dispuesta a acompañarme en la alfombra (¡en ese entonces no había tapetes de yoga!). No puedo dejar de preguntarme cómo habría cambiado su experiencia del envejecimiento si hubiera hecho yoga desde casi 40 años atrás.

A pesar de mis esfuerzos, mi práctica fue intermitente entre los 20 y más de 30 años. Por fortuna, a mis 40 finalmente llegué al ambiente adecuado para estudiarlo con toda seriedad. Cuando nos mudamos a Oregón, me inscribí a un estudio y comencé a aprender de profesores preparados, en lugar de libros usados y videos borrosos.

Ahora puedo afirmar con confianza que soy una verdadera yoguini. Y como tengo más de 50, también puedo decir que el yoga me ha dado una de las mejores formas de madurar con algo de gracia (aunque me caiga con frecuencia en las posturas de equilibrio). Juntos, el yoga y la madurez, han sido los catalizadores de una época de seguridad que no creo que hubiera experimentado de otra manera.

Una de las críticas que me hacían en mi juventud era ser "demasiado emocional". Reconozco que en la adolescencia era como un infierno ambulante, pero la verdad acerca de mí es que soy, como dice Chopra, "exuberantemente apasionada". Apenas en los últimos cinco años he aceptado ese aspecto de mi personalidad. Antes consideraba que dejarme sentir profundamente era una carga, pero ahora asumo mis emociones como parte de mi auténtico ser y las expreso de forma abierta. Como mujer en sus 50, soy mucho más valiente para expresarme emocional e intelectualmente.

A veces las personas me dicen que soy valiente, y durante mucho tiempo creí que estaban equivocadas. Cuando alguien me decía que hice algo valeroso, observaba mis sentimientos y no veía más que puro terror. Fue recientemente que me di cuenta de que el miedo que surge cuando me abro paso en la vida, de hecho, es lo que constituye la valentía. He llegado a creer que esta capacidad de actuar racionalmente, mientras muero de miedo, es una señal de fuerza espiritual.

A los 19 años me distancié de la religión organizada, por más que me educaron en la Iglesia bautista sureña. En gran medida, este alejamiento se debió a la influencia de mi primer esposo. Él era ateo y, visto en retrospectiva, posiblemente un sociópata. Querría decir que no entiendo por qué me casé con él, pero creo que en realidad lo sé: satisfacía mis ansias de recibir atención, mientras manipulaba con destreza mi miedo al abandono. Entre ambos extremos, abusó emocional y sexualmente de mí durante casi diez años.

Retomé mi camino espiritual en las décadas posteriores a mi divorcio, lo que me llevó a quien soy en la actualidad: una ferviente yoguini, una vegetariana comprometida y una devota católica romana. (Apuesto a que no esperaban eso último, ¿cierto?). Y, sin embargo, he aquí la verdad: la profundidad de mi conciencia llegó por medio del poder al cual aprendí a entregarme en mi vida espiritual. Diría que entregarse —con los consecuentes permitir, dejar ir y aceptar— es el yoga supremo de madurar.

Una de las lecciones que tanto mi mamá como yo estamos aprendiendo es que todo cambia. Nuestras capacidades y facultades se alteran,

se modifican, se detienen y decaen. Nuestras mascotas envejecen y mueren antes que nosotras. Muchos de nuestros amigos y familiares siguen inevitablemente ese mismo camino. A menudo, esas experiencias son sumamente dolorosas y, a la vez, abundantes en bendiciones.

Una de las grandes enseñanzas espirituales del yoga es la presencia: estar presente a plenitud, comprometida y, no obstante, de algún modo ser desprendida (lo que algunos llaman ecuanimidad). Se trata de resistir la tentación de querer controlar lo que no se puede controlar, aunque dicha resistencia siempre sea en vano. Pero si una se entrega, cada cambio se convierte en una transacción; algo se pierde a cambio de un regalo que se recibe. En el caso de mi madre, recibió el don de tener perspectiva, mientras que yo estoy descubriendo el regalo de dejar ir. Ambas disfrutamos los dones de la otra: yo le brindo mis cuidados y ella me obsequia sus habilidades de repostera entusiasta.

No creo tenerlo todo resuelto, pues nuestras vidas siempre estarán llenas de sorpresas. Las crisis implican soportar la incomodidad y un esfuerzo agotador, justo como cuando nos piden adoptar una postura de yoga. Estoy segura de que esta es la manera en la que la vida me recuerda que mi madre ha tenido la razón todo el tiempo: "Muchacha, no sabes nada".

Tara Rodden Robinson es la autora de *Sexy + Soul-full: A Woman's Guide to Productivity*. Es *coach*, escritora y artista. En 2006, inició su práctica en el *coaching*. Antes de ejercer este oficio, gozó de una animada aventura como bióloga, que inició en la selva tropical de Costa Rica.

Carmen Herrera vendió su primera pintura a los 89 años de edad, luego de seis décadas de labor silenciosa creando abstracciones geométricas minimalistas. Desde entonces, su trabajo dejó de ser ignorado y se incluyó en las colecciones permanentes del Museo de Arte Moderno de Nueva York y el Tate Modern de Londres.

Carmen nació en 1915 en La Habana, Cuba. Su padre fue el editor fundador del periódico *El Mundo* y su madre era reportera. De niña tomó clases de arte, pero eligió estudiar la carrera de Arquitectura en lugar de perseguir su primer interés. Terminó por abandonar sus estudios para casarse con un profesor de inglés estadounidense; la pareja se mudó a Nueva York y después a París, tras la Segunda Guerra Mundial. En esta última ciudad, Carmen comenzó a pintar en serio, inspirada por los artistas abstractos del Salon des Réalités Nouvelles. El estilo de pintura "menos es más" que desarrolló desafiaba las expectativas culturales del arte que podía crear una mujer latinoamericana, y gracias a él encontró el eje que guiaría su vida y su identidad artística.

El matrimonio regresó a Nueva York, donde Carmen continúo pintando y decantó aún más su estilo, hasta reducirlo a las formas y colores más esenciales. "Solo mi amor por la líneas rectas me hace continuar", comentó. Durante años, su obra se exhibió en varias exposiciones pero nunca se vendió. En 2004, luego de la muerte de su esposo, un amigo le presentó su trabajo a un comerciante de arte. Poco después, la pintora recibió por primera vez el reconocimiento artístico y las recompensas financieras. Cuando se le dijo que el éxito quizás se debió a la intervención celestial del esposo, ella respondió: "Trabajé realmente duro. Así que tal vez fui yo". Con más de 100 años de edad, Carmen continúa con sus pinturas, elabora el concepto de los lienzos y los ejecuta con ayuda de un asistente.

Fay Westenhofer camina mientras muchas otras personas corren, y sus recorridos la han llevado mucho más allá de su vecindario en el noreste de Portland, Oregón. Fay tiene 74 años, y en solo diez años como caminante de largas distancias ha concluido 85 competencias, incluidas 21 maratones, 52 medias maratones y una ultramaratón. Es una integrante devota de los grupos internacionales Marathon Maniacs y Half Fanatics; en un periodo breve, Fay cumplió los requisitos de aceptación al concluir varias maratones o medias maratones, caminando el equivalente a tres en un lapso de noventa días. Pesa nueve kilos menos que cuando comenzó a caminar y la densidad de sus huesos es mayor. Fay se describe como "semiretirada". Trabaja medio tiempo como asesora fiscal en H&R Block, cuando no está atravesando Portland como entrenamiento para su próxima carrera.

Lisa: ¿Cómo empezaste a caminar largas distancias?

Fay: Fue hace diez años, cuando tenía 64, y la balanza me indicó que pesaba 68 kilos; no quería llegar a los 70 porque nunca había pesado tanto. Tenía más de 30 años cuando pesé 45 kilos. Al ver eso, básicamente me puse el calzado deportivo y salí a caminar.

Lisa: Tu complexión es muy pequeña, ¡así que 70 kilos debieron parecerte muchísimo!

Fay: Sí, por eso me fui a caminar y al llegar a casa dormí una siesta; al siguiente día me levanté y pensé: *Bien, tengo que hacerlo otra vez.* Salí a caminar, regresé y eché una siesta. Hice lo mismo al otro día y el que siguió.

Lisa: ¿Cómo empezaste con las carreras y las distancias más largas? Es un nivel completamente distinto que solo caminar.

Fay: Comencé a caminar en febrero; tenía amistades que competían y sentí curiosidad de participar. Mi primera competencia fue en abril de 2007, en la Carrera de las Rosas, de 5 kilómetros. Caminé sobre todo para averiguar qué pasaba en una carrera.

Lisa: ¿Y entonces te enganchaste?

Fay: ¡Sí! Más tarde, en junio, entré a la media maratón Helvetia, que no recomiendo si es la primera vez que uno recorre esa distancia: ¡es muy accidentada! Como no tenía el calzado correcto, terminé con una ampolla espantosa. Me tomó más de 4 horas, pero no me detuve. Descubrí que necesitaba conseguir un calzado diferente. En octubre caminé en la maratón de Portland, la primera que concluí.

Lisa: O sea que nueve meses después de que empezaste a caminar hiciste tu primera maratón.

Fay: Sí, y mientras me preparaba supe que si alguna vez terminaba una, por lo menos entraría a otra, porque no iba a ser de esas personas que solo marcan la experiencia en su lista de cosas que quieren hacer en la vida y nunca más lo hacen de nuevo.

Lisa: Cuando comenzaste a caminar, ¿cómo fuiste aumentando las distancias? ¿Cómo es tu entrenamiento?

Fay: Cuando empecé, solo recorría entre 3 y 5 kilómetros. Me dedicaba a dar vueltas alrededor del vecindario. Es una gran idea llevar un plan de entrenamiento. Por ejemplo, esta semana caminas 5 kilómetros, la próxima, 6,5, y la que sigue, 8 kilómetros; después, regresas a los 6,5. Entre semana entrenas tiempo, y los fines de semana, distancia. Durante varios fines de semana siempre aumentas los kilómetros, y luego reduces la distancia una semana, la amplías de nuevo, la acortas otra vez, la incrementas después y luego la disminuyes.

Cuando comencé a caminar por mi cuenta, era sumamente fácil darme la vuelta y regresar a casa, sin completar la distancia. Debes tomar una decisión en cada cruce. Luego de un tiempo, me dije: *Tiene que haber una mejor manera de hacerlo.*

Así que empecé a tomar el autobús tan lejos como quería caminar ese día rumbo a mi casa. Después me bajaba y regresaba a pie. Básicamente, comencé a imponerme la distancia que quería recorrer, pues sabía que no iba a tomar el autobús para volver. Luego de un

tiempo, se convirtió en algo natural caminar ese tipo de trayecto.

Lisa: ¿La gente a veces cree que practicas marcha atlética? ¿Corres?

Fay: No practico la marcha atlética, pues tiene algunos requisitos específicos. Corro un poco y camino. Sobre todo camino, aunque sí corro un poquito.

Lisa: ¿Le has ganado a algún corredor en las competencias?

Fay: Sí, a veces.

Lisa: ¿Cómo te ha cambiado la vida caminar, además de mejorar tu condición física?

Fay: La comunidad ha sido muy importante para mí. Correr y caminar tienen distintos niveles de reputación, dependiendo de en cuántas carreras hayas estado y cada cuánto tiempo. Por ejemplo, están los Marathon Maniacs y los Half Fanatics. Puede que nunca los hayas conocido en persona antes en una carrera, pero al instante se convierten en tus amigos porque también llevan puesta la camiseta de Marathon Maniac. Tienes una conexión inmediata con ellos.

Además, me uní a un grupo en línea de mujeres corredoras. Son personas que harían lo que fuera por mí, y son de todo el mundo. De hecho, haríamos lo que sea por nosotras. La dinámica no es como la de muchos grupos femeninos en línea que tienden a volverse malintencionados. Cuando mi esposo murió el año pasado, organizaron una colecta e hicieron una contribución en su memoria, y me enviaron una tarjeta de regalo por 50 dólares para usarla en las tiendas Portland Running Company. La mayoría eran personas que nunca había conocido cara a cara.

Lisa: Para ti, ¿cuál ha sido la parte más positiva o gozosa de hacer esto? ¿Qué es lo que te anima a seguir?

Fay: Para mí, es casi como una meditación caminando. Estoy ahí y presto atención a lo que veo, a lo que escucho. A veces me descubro pensando: *Bien, puedo oír a un ave por aquí; bien, está el ruido del tránsito y alcanzo a escuchar los aviones en el aeropuerto; vaya, logro oír un tren, así que el viento debe venir de esa dirección, de otro modo no lo percibiría desde aquí. Oigo a la gente conversando; a los animales.* Y mientras camino, presto atención a la forma en que la gente arregló sus patios y veo qué plantas florecieron y lo que sucede a mi alrededor. Y eso, de cierta manera, me inspira, con solo ver lo que ocurre.

Lisa: ¿Hasta qué punto crees que tu edad tiene algo que ver con esto que te apasiona? ¿Piensas que sucedió en el momento adecuado de tu vida, o que podría haber ocurrido en cualquier otra época? Si lo hubieras descubierto a los 20 o a los 30, ¿consideras que también te habrías comprometido?

Fay: En definitiva, creo que ha sido mucho más fácil adoptar la caminata de largas distancias a mi edad que si lo hubiera hecho de más joven, porque estoy prácticamente jubilada y tengo tiempo. Caminar largas distancias, incluso si eres rápida, requiere mucho tiempo. Veo a personas en sus 30 años y están entrenando para correr maratones; además, tienen hijos pequeños y un trabajo de tiempo completo, y me pregunto cómo lo hacen.

Lisa: ¿Qué consejo les darías a las mujeres mayores que están considerando iniciar un nuevo reto o explorar algo novedoso en su vida, pero quizás dudan o tienen miedo?

Fay: ¡Solo sal y hazlo! Puedes hacer cualquier cosa que te propongas, pero tómate tu tiempo. No vayas a decir hoy: "Oh, quiero correr o caminar una maratón". Te tomará unos seis meses conseguirlo, tal vez más, dependiendo de qué tan sedentaria hayas sido. Pero tómate tu tiempo y disfrútalo.

También debes concentrarte. Pon atención en cuál es tu objetivo y descubre por qué te importa. En cuanto conozcas tu objetivo y sepas por qué es importante para ti, las cosas ocurrirán.

Helen Gurley Brown pasó de ser publicista a editora, y a haber alcanzado el éxito en su carrera estando al mando de la revista *Cosmopolitan* en plena madurez cambiando las nociones que rodeaban la independencia sexual y profesional para la generación de mujeres menores que ella. Helen era la viva imagen de la longevidad, pues ocupó el cargo a la edad de 43 y se dedicó a la revista y a su público por casi 50 años.

Helen nació el 18 de febrero de 1922 en Green Forest, Arkansas; sus primeros años estuvieron marcados por los desafíos, ya que de muy niña perdió a su padre, su madre era depresiva y su hermana quedó paralizada por la poliomielitis. Dejó su hogar a los 17 años para estudiar en la Texas State College for Women durante tres años, más otro año en el Woodbury Business College en Burbank, California. Se abrió paso como secretaria en 17 oficinas distintas de Los Ángeles, hasta que en 1948 su jefe en la agencia de publicidad Foot, Cone & Belding reconoció su talento en la escritura y la nombró redactora. Durante los siguientes diez años, Helen ganó tres premios Frances Holmes Advertising Copywriters por su trabajo.

En 1959, se casó con el productor de Hollywood, David Brown. Irónicamente, en esta época comenzó a escribir su primer libro acerca de los placeres y las libertades de la soltería. Cuando en 1962, *Sex and the Single Girl* rápidamente se convirtió en un best seller, Helen dejó el mundo de la publicidad. En lugar de la redacción publicitaria, se dedicó a trabajar en su siguiente obra, *Sex and the Office*, publicada en 1964, así como en su columna de alcance nacional "A Woman Alone". El énfasis que Helen puso en los beneficios y las libertades que da la vida como soltera y la idea de que las mujeres son, de hecho, seres sexuales, le atrajo atención y críticas, lo cual desembocó en la siguiente fase de su carrera.

En 1965, a los 43 años, Helen fue nombrada editora ejecutiva de la revista *Cosmopolitan*, que en ese momento naufragaba. Sin experiencia formal como editora, Helen utilizó el espíritu que animaba sus propios textos para transformar la publicación en la revista controvertida, abiertamente sexual, independiente y centrada en las lectoras jóvenes que hoy conocemos. Su trabajo era atrevido e innovador, tanto por el contenido como por el diseño. *Cosmo* empezó y siguió superando en ventas a otras publicaciones femeninas a lo largo de las tres décadas que duró su liderazgo. Aunque en 1997 terminó su cargo como directora ejecutiva, continuó trabajando para la revista como editora de las versiones internacionales, hasta su muerte a la edad de 90 años, ocurrida en el año 2012.

Della Wells es una artista conocida principalmente por sus sugerentes collages de papel. Desde que decidió hacer carrera en el arte a los 42 años, ha exhibido su obra en Europa y Estados Unidos, y ha figurado en el libro de Betty-Carol Sellen y Cynthia J. Johanson, _Self Taught, Outsider, and Folk Art: A Guide to American Artists, Locations, and Resources_, entre otras publicaciones. Della se inspira en su propia experiencia de vida para analizar las complejidades de la mujer afroamericana moderna, a la par que explora su historia personal y la enfermedad mental de su madre. Además del collage, crea coloridas pinturas al pastel, dibujos, muñecas y textiles. Hace poco, el Instituto Smithsoniano adquirió tres de sus piezas. Recientemente, Della ilustró su primer libro infantil.

Lisa: Me gustaría empezar preguntándote acerca de cierta vez que te leyeron la mano cuando tenías unos 20 años. ¿Qué reveló esa lectura? ¿Ha resultado ser verdad?

Della: Una persona me leyó la mano y me dijo que mi línea de la vida era muy gruesa al final, y comentó que me iría de este mundo con bombo y platillo. Sentenció: "Todo te llegará en la madurez".

Lisa: Vaya. ¿Te imaginaste en ese momento las implicaciones que tendría para ti?

Della: No, para nada, porque si te soy sincera, no tomaba en serio a esa persona. Pero sí te puedo decir esto: cuando tenía 18 o 19 años, estuve involucrada con una galería llamada Black Aesthetic, pero no era artista. Veía a la doctora Margaret Burroughs, que en ese momento tenía más de 50 años, y recuerdo haberme dicho: _Yo seré como ella._

Lisa: Entonces, ¿de alguna forma lo adivinabas?

Della: Sí y no. Pero cuando la vi y escuché hablar de ella, pensé que era verdaderamente fantástica.

Lisa: No te dedicaste formalmente al arte hasta los 42 años. Cuando comenzaste, ¿sabías que era algo que querías hacer? ¿Hubo alguna razón por la que no empezaste antes?

Della: La razón por la que no me dediqué antes fue porque no la consideraba una carrera seria. Planeaba que fuera un pasatiempo para cuando me jubilara. Más o menos por esa época en la que decidí hacer carrera en el arte, estaba pasando por otro cambio profesional, pues había entrado a la escuela para convertirme en psicóloga. Si no me hubiera involucrado en el arte, sería psicóloga. En ese momento estaba en la Milwaukee

Area Technical College y mi supervisora me dijo que necesitaba tomar algunas clases de humanidades. Me sugirió que entrara a Historia del Arte y dije: "Bien, sé un poco acerca del tema". Crecí con unos padres que tenían muchos libros, así que sabía algo de Historia del Arte.

Teníamos que escribir un ensayo para la clase. Sabía que todos iban a hacerlo sobre Picasso, Van Gogh y ese tipo de artistas, pero yo quería concentrarme en alguien que fuera afroamericana y también de Milwaukee. Así que decidí escribir sobre Evelyn Terry. La recordaba de la galería Toward the Black Aesthetic, y la llamé para entrevistarla. Se acordaba de mí y de que solía dibujar a mujeres raras, al estilo Picasso, teniendo a sus bebés. Me comentó: "Deberías ser artista", y pensé: *Sí, claro*.

Después, pedí el traslado a la Universidad de Wisconsin en Milwaukee. En aquel momento, mi especialidad era Sociología, tomaba un diplomado en Estudios de la Mujer y mi asignatura secundaria era Estudios Afroamericanos. Tomé una clase en Estudios Religiosos Afroamericanos con el doctor Patrick Bellegarde-Smith, y más o menos por esas fechas Evelyn me invitó a una exposición en la que todo tenía influencia haitiana. En la exposición escuché una voz que me decía que creara arte, y se lo dije a Evelyn. Sé que parece una locura.

Lisa: A menudo, las cosas que nos llevan a hacer cambios en nuestra vida ocurren en un instante.

Della: Sí. Así empecé a crear arte, lo cual jamás había hecho. Es decir, vendí una obra cuando tenía 13 años, pero nunca lo tomé en serio. Nunca pensé que podría ser una carrera o que pudiera tomarlo como algo serio.

Entonces le dije a Evelyn que iría a su estudio, y en dos semanas terminé tres imágenes: dos pinturas al pastel y un monotipo. Jamás en mi vida había hecho arte de esta clase, ¡y resultó! En realidad me sorprendió que me saliera. Así que después compartí estudio con Evelyn Terry y otra artista. Los viernes era cuando iba a trabajar. Me resultó muy terapéutico. Y Evelyn me decía: "Esto que haces no es terapia". Pero para mí sí lo era, porque el cambio de carrera coincidía con un momento difícil de mi vida, pues sufrí una lesión en mi trabajo.

Lisa: ¿En qué trabajabas antes de regresar a los estudios?

Della: Era encargada administrativa, ingresaba datos y también daba mantenimiento a las computadoras. Me lastimé por teclear demasiado, y los doctores me sugirieron el cambio de carrera. Por eso iba a ser psicóloga.

Un día, Evelyn me dijo que si reunía cincuenta piezas, me podía conseguir una exposición. Las primeras dos que tuve las organicé por mi cuenta, y la gente que vio mi trabajo lo quiso comprar, pero esa nunca fue mi intención. Estaba sorprendida. La primera exposición que tuve fue en el Café Mélange en Milwaukee y la segunda, en el centro UWM Women's Resource Center; básicamente así fue cómo empecé.

Lisa: Has dicho que una de las razones por las que no te dedicaste antes al arte fue porque sentías que en realidad no tenías nada que decir en tu juventud.

Della: Así es. Creo que es importante que los artistas tengan algo que decir, pero yo no lo tenía. Para ser honesta, de joven no quería hablar de mí. No tuve una niñez particularmente horrorosa, pero mi madre es esquizofrénica y siempre tuve miedo de que alguien descubriera que ella era distinta. Y yo no quería ser distinta.

En la escuela secundaria y la preparatoria, mis hermanos eran muy buenos en matemáticas y ciencias, y yo siempre fui la de las malas calificaciones; era curioso, porque incluso los chicos blancos de la escuela detestaban a mis hermanos porque se sabían todas las respuestas y sacaban puros dieces. Y yo no quería ser distinta. Creo que a muchas chicas les sucede esto de no querer ser diferentes. No quería caerles mal a las personas. Muchas chicas piensan de esta manera, por lo que no desarrollan su potencial.

Lisa: Mencionaste que comenzaste a dibujar, que utilizaste pinturas al pastel y que hiciste un monotipo, pero ahora eres conocida como una artista del collage. ¿Cómo comenzaste con esta modalidad?

Della: Romare Bearden era uno de mis artistas favoritos, y vi las esculturas de papel que hacía Beverly Nunes Ramsay y sus collages, y quise probar. Y desde luego, también, siempre me interesó la reutilización de los materiales.

Siempre, aun de niña, percibía las cosas de un modo distinto; veía una revista, papel o los objetos que me encontraba y quería hacer algo con ellos.

Lo curioso es que estaba en la galería David Barnett, y yo tenía que elaborar algunas piezas para la financiera Northwestern Mutual. Les hice algunas imágenes al pastel y un par de collages. La intermediara en el trato me dijo que no consideraba que mis collages fueran mi trabajo más acabado. Pero lo primero que vendió la galería fueron ambas piezas. Luego, el galerista me ofreció una exposición individual, y uno de los collages que ella dijo que no era mi mejor trabajo, ¡recibió seis ofertas de compra!

Supongo que la cuestión es, según lo veo en este momento de mi vida, que no puedes escuchar a otras personas y permitir que te definan; siempre vas a encontrar a mucha gente que pretende decirte qué hacer.

Lisa: Te refieres a ti misma como una narradora. Cuéntanos un poco de las historias que narras con tus collages y pinturas, de los temas de tu trabajo y de dónde sacas tu inspiración.

Della: Mi inspiración la obtengo de la vida. Cuando era pequeña, quería ser escritora. Las historias que contaba de niña eran distintas a las de otros niños. Si teníamos que escribir un cuento acerca de la Navidad, yo lo hacía sobre Santa Claus teniendo una crisis nerviosa. Creo que tenía como 13 años. Nos dejaron una tarea en la preparatoria una vez sobre vaqueros que jugaban a las cartas y uno le disparaba al otro. Todos escribieron que estaban haciendo trampa, pero yo conté que se trataba de un mal perdedor, y por eso le disparó al otro.

Después tomé un curso de Escritura creativa en el que teníamos que hacer una novela colaborativa. Pero yo no quería escribir lo mismo que los demás. Ellos querían contar la historia de una mujer hermosa que era actriz, y de un hombre alto, moreno y atractivo, que además era abogado. Ella quería encontrar a sus padres adoptivos. Conspiré con mi amiga, que también estaba en sus 30 en esa época, para arruinar la historia. La sorpresa que mi amiga propuso fue que la protagonista fuera negra, pero eso no tenía suficiente impacto para mí. Así que cuando tocó mi turno escribí que el personaje fue hombre al nacer, pero le cortaron el pene de bebé y fue educada como niña. Llegó a convertirse en un símbolo sexual, pero otra actriz se enteró de su pasado e iba a chantajearla; incluso describo una escena en la que la protagonista se masturba, y que luego Evelyn Terry utilizó en un video.

Fue divertido; algunos de los alumnos más jóvenes se enojaron, pero la profesora dijo: "¡Gracias a Dios!". Antes de ese momento, la historia le había aburrido tremendamente. Pero yo siempre tuve imaginación. Mi madre solía contarme historias, y al crecer me di cuenta de que muchas de ellas en realidad nacían de su esquizofrenia, y no eran necesariamente ciertas. De niña inventaba películas completas en mi cabeza, y tomaba a actores reales para que interpretaran los papeles.

También me fascinaban los libros del Dr. Seuss y los cuentos de hadas, porque muchos parecen lindos y dulces, y mucha de mi obra también lo aparenta, pero en realidad no lo es.

Lisa: Los cuentos de hadas en realidad son bastante oscuros.

Della: Cierto, cierto, y realmente mucho de mi trabajo también lo es.

Lisa: ¿Cómo crees que ha cambiado tu voz actual de la que tenías hace veinte años, cuando apenas iniciabas? ¿Cómo has crecido y cambiado como artista?

Della: Creo que la experiencia de vida te cambia la voz. Pienso que a mis 20 no podría haber creado lo mismo que estoy haciendo ahora. Me doy cuenta de que muchas de las cosas que creé arriba de los 40 eran un reflejo de la religión africana; pero ahora, a los 60, se trata más de mi experiencia vital, o tal vez de algo que ocurra en la política. Creo que envejecer, por lo menos para mí, te hace ver las cosas de una manera diferente. Sé que algunas personas me perciben de un modo distinto a como soy en realidad.

Lisa: ¿Crees que la gente te ve de una forma diferente de como tú te percibes?

Della: Sí, salvo las personas que realmente me conocen, que hablan conmigo y con quienes converso. Pero hay otros que me ven como alguien distante, sin empatía. Y pienso que en parte se debe a que la gente tiene estereotipos de cómo cree que las mujeres deberían

TOMA LA CRÍTICA QUE NECESITES, LA OTRA DESÉCHALA, Y NO DEJES QUE LAS CRÍTICAS TE DEFINAN. NO PERMITAS QUE OTRA GENTE TE DEFINA. TÚ MISMA LO PUEDES HACER. **DELLA WELLS** comportarse. Creen que deberíamos ser como corderos para el sacrificio, pero no voy a serlo, porque busco paz y tranquilidad.

He notado que cuando muchas mujeres llegan a sus 40, 50, 60 y 70 años, especialmente de mi generación, la gente espera que sean cuidadoras, porque se supone que eres una abuela amorosa. Muchas mujeres que conozco tienen sus propias carreras, varias tienen negocios, pero al mismo tiempo se ocupan de su familia. Y creo que nos encajonan en esa función, como si esa fuera nuestra obligación principal, y se supone que debes sacrificarte. Pero yo no lo creo. No comparto el que tengas que sacrificarte.

Lisa: ¿Adoptaste esa noción o siempre has sido así?

Della: La adopté. Lo cual pienso que es bueno; creo que es algo verdaderamente sano. Por lo menos, lo es para mí; me ayuda a mantenerme cuerda. De otra forma, me habría vuelto completamente loca.

Lisa: ¿Qué consejo les darías a las mujeres mayores que están considerando dedicarse a su pasión, que quieren probar algo nuevo o cambiar su vida de un modo significativo, pero dudan de ellas mismas?

Della: Les diría que primero aprendan lo más que puedan acerca del campo en el que quieren incursionar. Que hablen con otras personas que sean exitosas en ese campo. Cuando estaba estudiando psicología, conversé con otros psicólogos para averiguar de qué se

trataba la profesión. Encuentra a gente que te quiera apoyar, y entiende que habrá otros que no lo van a hacer.

Asimismo, toma la crítica que necesites, la otra deséchala, y no dejes que las críticas te definan. No permitas que otra gente te defina. Tú misma lo puedes hacer. Las personas siempre van a encontrar una razón para señalarte por qué no puedes hacer las cosas. Te dirán: "Eres muy joven" o "Eres muy vieja". ¿Sabías que la Abuela Moses comenzó a pintar a sus 60? También estaba leyendo sobre otro par de artistas que no consiguieron sus primeras exposiciones en museos hasta que tenían 80 o 90 años.

Yo digo que vayas y lo hagas. La vida no termina hasta que das tu último suspiro, y ser joven no te define. La mayoría de las veces, la gente define a las mujeres por su juventud, su aspecto y cosas así; pero eso no te define. Solo hazlo. Cree en ti misma y encuentra a personas que te quieran apoyar. Eso es lo importante. Encuentra y construye una red de apoyo.

Angela Morley pudo vivir libremente como mujer hasta su madurez. Alentada por la libertad que le dio su verdadera identidad, llegó a crear algunas de las partituras musicales más memorables de la televisión de finales del siglo XX, además de ser la primera mujer abiertamente transgénero en ganar un premio Emmy.

Angela Morley nació con el nombre de Walter Stott en 1924, en Inglaterra. Desde pequeña se interesó en la música de las grandes bandas y dominó varios instrumentos, antes de abandonar la escuela a los 15 años para tocar el saxofón en una orquesta de baile. En la década del 40 comenzó a afinar sus habilidades como arreglista cuando colaboró en radio para la BBC. Su formación fue principalmente autodidacta y trabajó de forma ininterrumpida en radio, y en los años 50 comenzó a componer música de películas. A pesar de que se casó y tuvo dos hijos, Angela había vivido en conflicto toda su vida con su identidad de género. No fue sino hasta que se casó por segunda vez, en los años 70, que recibió el apoyo necesario para vivir como mujer. En 1972, a los 48 años, se sometió a una cirugía de reasignación de género y cambió su nombre por Angela Morley.

Durante un período, Angela se retiró de la composición y la dirección porque no estaba segura de cómo la recibiría la comunidad musical. En 1974, a los 50 años, la convencieron de que supervisara la música de la película *El principito*, por la cual la nominaron a un Premio de la Academia. Viajó a Los Ángeles para asistir a la ceremonia de los Oscar y se sintió tan acogida y aceptada que decidió mudarse a California.

Durante esa época, Angela vivió un renacimiento creativo en el que se concentró en musicalizar programas de televisión populares de los años 80, como *Dinastía*, *Dallas* y la *Mujer Maravilla*, trabajos por los que la nominaron varias veces a los premios Emmy. Además, colaboró con el compositor John Williams, a menudo sin recibir crédito, contribuyendo de manera significativa a las bandas sonoras de películas icónicas, como el tema de *La guerra de las galaxias*. Angela se retiró a Arizona con su esposa en los últimos años de su vida, y falleció en el año 2009.

CUANDO LLEGARON

por

Shauna James Ahern

Mi pijama tiene huellas de manos manchadas de plátano a la altura de la cadera. Apenas logro mantener los ojos abiertos mientras espero a que esté listo el café. Mi niño de dos años me jala de la camiseta y me pide a Elmo; está despierto desde las 5:30 y se levantó dos veces en la noche. Tomo mi teléfono para cargar Kids YouTube —que pase un rato frente al aparato antes de que mamá beba su café no cuenta en la suma total— y veo un recordatorio en la pantalla de inicio: "Cumples 50 años en cinco meses. ¡Empieza a planear la fiesta!".

Tengo 49 años. Tengo una hija de 7 y un hijo que acaba de cumplir 2 años. Cada día, en algún momento —por lo general antes de mi segunda taza de café—, doy un gran suspiro y pienso: "Es posible que haya una razón biológica por la que no debería tener hijos a mi edad".

Pero nada de esto fue accidental, pues mi esposo y yo así lo decidimos. Es fácil quedar embarazada inesperadamente a los 25 años y a veces a los 35, pero casi nunca a los 45. Queríamos a estos niños en nuestras vidas. Conocí a Danny cuando yo tenía 39 años y él, 37, luego de una vida llena de relaciones complicadas y de oportunidades perdidas. Las que no funcionaron nos dejaron un vacío cada vez más grande en el corazón. Pensé que nunca me casaría. Planeé la fiesta de mis 40 años con la temática "¡Me caso conmigo misma!", pero en lugar de eso fue la fiesta de "Conozcan a Danny". Hay algo particularmente dulce cuando conoces al amor de tu vida a punto de cumplir los 40. Ninguno de los clichés y de las trampas del amor de juventud coincidían con el nuestro. Creamos nuestra propia manera de hacer las cosas y de inmediato empatamos con el ritmo del otro. Me pidió matrimonio tras dos meses de habernos conocido. Dos años después, antes de cumplir 42, nació nuestra hija Lucy.

Las primeras dos semanas de su vida nos marcaron como padres, pues entró de urgencia al mundo esterilizado y ruidoso de la unidad de cuidados intensivos. Nunca olvidaremos cómo nos tomábamos de la mano por encima de su incubadora, pidiéndole que respirara. Las 9 horas que duró la cirugía para reconstruirle el cráneo, cuando tenía 9 meses de edad, solo las pudimos soportar gracias a que experimentamos juntos esas tierras inciertas. De alguna manera logramos sobrevivir a los siguientes cuatro meses, ya que ella despertaba cada hora, llorando y demasiado asustada como para quedarse dormida. Estábamos tan cansados que pasábamos los días como zombies, intentando encontrar la forma de trabajar (él como chef y yo editando nuestro primer libro de cocina). De algún modo, el tiempo pasó entre sus risitas y los descubrimientos que hicimos con los ojos bien abiertos. Lentamente, el tiempo pasó.

Y a pesar de todo lo que vivimos, seguíamos queriendo otro hijo. Lucy trajo una nueva luz a nuestro mundo y queríamos que otra luz reflejara la suya. Adoro a mi hermano, es uno de los mejores amigos que tengo. En el caso de Danny, sus cuatro hermanos mayores son la piedra angular de su vida. Como somos padres mayores, queríamos que Lucy tuviera un hermano que pudiera conocer su historia.

Así que intentamos tener otro hijo. Y tratamos. Y tratamos. Los intentos fueron divertidos, pero no los fracasos. Nuestro doctor nos dijo que de cualquier manera era arriesgado; para entonces yo tenía 43 años y había rebasado por mucho la edad de maternidad avanzada que aparecía en mi historial médico del ginecólogo. Ahora enfrentábamos una situación con mínimas posibilidades. Al año decidimos abandonar nuestros esfuerzos y optamos por la adopción.

La próxima vez que oigan que una persona bien intencionada trata de consolar a una mujer que no ha podido tener hijos biológicamente, diciéndole: "Oh, pero siempre puedes adoptar", *por favor, deténganla.* La adopción puede ser de todo, menos algo sencillo. En primer lugar, hay que buscar la agencia correcta, luego hay que hacer todo el papeleo, después vienen las evaluaciones del hogar y las inspecciones. Y más tarde viene la espera. Y más espera. Y miles y miles de dólares. Y si luego de dos años

descubren, como nos sucedió, que en realidad la agencia que eligieron no está luchando por ustedes, deben comenzar de nuevo y gastar miles de dólares más. Y esperar más tiempo.

Nuestro hijo llegó cuando yo tenía 47, tres años y medio después de que decidimos que "simplemente íbamos a adoptar". Su nacimiento fue una de las experiencias más felices de nuestras vidas. Pero también una de las más conmovedoras y tristes, pues acompañé a su madre biológica durante tres días para ayudarla a sobrellevar la pérdida después de que él nació. Tal vez esa sea una de las bendiciones de ser una madre mayor: nunca me preocupó quién era la madre "real". Sé que yo soy la madre de mi hijo y que lo amo tremendamente, pero también con delicadeza y ternura. Él me adora, a Danny y a su hermana, con una dulzura tan abnegada como rara vez he visto. Además tiene a su otra madre, a quien puede llegar a conocer conforme crece. Como soy veinticinco años mayor que su madre biológica, puede que él llegue a entablar una relación distinta con ella cuando yo envejezca. Aún no lo sé. En este momento no son más que especulaciones. Pero me da más esperanzas para su futuro saber que tendrá más familia.

Cuando mi hijo cumpla 22 años, yo estaré a punto de cumplir 70. Que no les quepa la menor duda: pienso estar aquí. Planeo bailar con él cuando se gradúe de la universidad, y llevaré puesto un vestido rojo. Como él no se está quieto, yo tampoco dejaré de moverme durante los próximos veinte años. Hay ocasiones en las que mis rodillas chirriantes protestan cuando tengo que arrodillarme en el suelo

para conducir con él sus camioncitos alrededor de un camino imaginario, pero lo hago. La fatiga que me provoca la falta de sueño parece afectarme con más fuerza que haces seis años, cuando su hermana no dormía. (Por otra parte, debido a la premenopausia a menudo tengo que luchar contra el insomnio, así que me puedo levantar cuando él necesita que lo consuelen). Pero mi hijo duerme mejor que su hermana, así que es más esporádico tener que hacerlo. Y es probable que hagamos cosas más tranquilas en la mañana. Además, he dejado de estresarme por el tiempo que pasa con los videos —pues esta cultura grita que es terrible que los niños pasen el tiempo frente a la pantalla— cuando recuerdo cuántos episodios vi de *La tribu Brady* y de *Laverne & Shirley* de niña. Y no salí tan mal. Así que él tampoco.

Puede que el mayor regalo que les puedo dar a mis hijos como madre mayor es que no los considero mi posesión ni una extensión de mi ego. No trato de que sean perfectos. No busco hacer todo "lo correcto", como asegurarme de evitar la comida chatarra (los Cheetos pueden ser una verdadera bendición en la sala de urgencias), que obtengan calificaciones excelentes en todo (vamos, estaré bien si sacan 10 en las materias que aman y 6 en las que les son indiferentes) o impedir que se caigan en el parque. Romperse una pierna puede ser un rito de paso en la niñez. Prefiero verlos correr mucho y que se

caigan, a que estén seguros todo el tiempo. Y como soy una madre mayor, sé que es posible que no llegue a conocer a sus hijos. Eso me duele, pero también me recuerda que debo animarlos a que sean independientes, a que se las arreglen en este mundo sin que su madre resuelva sus problemas. La vida es breve. Quiero que sean mejores amigos entre ellos y consigo mismos.

Todos los días tengo largas e importantes conversaciones con mi hija acerca de las tensiones que tiene con sus amigos y para que haga lo correcto, sobre el hecho de no esperar ser perfecta y lo esencial que es dedicarse a lo que te hace profundamente feliz. (En este momento, con mi hijo hablo más acerca de camiones y helicópteros, pero las otras conversaciones llegarán pronto). Si mis hijos hubieran llegado a mi vida a mis 20 o 30 y tantos años, quizás habría tenido más energía, pero no habría tenido la sabiduría que me dejó esa otra década o dos de vida. La mayoría de las veces les digo: "Los amo. Y todo pasa. Estarán bien".

Estoy a punto de cumplir 50 años, y por fin sé por experiencia propia que todo pasa, y yo estaré bien. Estos niños fueron bendiciones exactamente cuando llegaron.

Sin embargo, no me molestaría beberme otra taza de café.

Shauna James Ahern es la autora del popular sitio web sobre comida *Gluten-Free Girl*, una disertación sobre alimentos y tres libros de cocina, incluyendo *Gluten-Free Girl Every Day*, ganador del James Beard Award. Su trabajo ha sido publicado y reconocido por *The New York Times*, *Gourmet*, *Bon Appétit*, *The Guardian*, *The Washington Post* y el canal Food Network, entre otros.

Eva Zeisel resucitó su carrera como diseñadora a sus más de 80 años, luego de llevar dos décadas alejada del universo del diseño. Reconocida mundialmente como ceramista y diseñadora industrial, regresó a crear nuevas formas con su estilo inconfundible y a continuar con una vida de enfrentar desafíos con ingenuidad y perseverancia.

Nació como Eva Striker en 1906, en Budapest, y comenzó a estudiar pintura a los 17 años. Alentada por su madre feminista para que aprendiera un oficio, abandonó la escuela para entrar como aprendiz de un alfarero. Llegó al nivel de oficial y se convirtió en la primera mujer en ser admitida en el gremio local de alfareros. Eva desarrolló formas sensuales y biomórficas en su cerámica, con líneas fluidas que contrastaban con el modernismo angular de la época. Siempre movida por la curiosidad, Eva se mudó a Rusia en 1932 y fue directora artística del gobierno comunista.

En 1936, el rumbo de su vida cambió de forma drástica cuando el régimen estalinista la acusó falsamente de conspiración de asesinato. Fue encarcelada durante dieciséis meses, pasando la mayor parte del tiempo en aislamiento, antes de que la liberaran sin explicación. Al salir, Eva se reunió y se casó con Hans Zeisel; la pareja huyó a Europa y luego partió rumbo a Nueva York en el año 1938.

Eva comenzó a trabajar en el Instituto Pratt, donde fundó el departamento de artes cerámicas y diseño industrial. En 1946, creó una colección de cerámicas y porcelanas sin adornos para el Museo de Arte Moderno, que fue la primera exposición individual de una mujer en dicho lugar. A pesar del éxito, Eva se alejó del taller de cerámica en la década del 60, y durante los siguientes veinte años se concentró únicamente en la escritura académica y en el activismo pacifista.

Un viaje a su natal Hungría, cuando tenía más de 70 años, hizo que su energía creativa fluyera de nuevo y que regresara con pleno vigor al mundo del diseño, para crear cristalería, tapetes, lámparas y muebles, además de darles una nueva perspectiva a sus tradicionales diseños de cerámica. En 2005, el Museo Nacional de Diseño Cooper Hewitt, en Nueva York, le concedió el Premio Nacional de Diseño por su trayectoria. Eva gozó enormemente del renovado interés en su obra y trabajó de manera laboriosa hasta su muerte, ocurrida en el año 2011, a los 105 años de edad.

Ilona Royce Smithkin tiene 95 años. Es una activa pintora impresionista y profesora de Arte, además de una _fashionista_ tardía y una artista del "Eyelash Cabaret". Durante su trayectoria artística ha viajado por los Estados Unidos enseñando pintura a alumnos de todas las edades y niveles de experiencia, ha conducido tres series educativas para la televisión pública de aquel país, y realizó el famoso retrato en rústica de la escritora Ayn Rand. En 2010, el fotógrafo Ari Seth Cohen conoció a Ilona (quien, por supuesto, lucía un exquisito conjunto color turquesa y verde limón) en una acera del barrio West Village en Nueva York. Le tomó una fotografía para su blog, _Advanced Style_, en el que presenta a mujeres mayores de 50 años que visten con entusiasmo. Desde entonces, la manera de vestir de Ilona, junto con sus largas pestañas rojas, han llamado la atención de medios como _New York Magazine_, _Time Out New York_, el _Huffington Post_, entre otras publicaciones. Su pasión, apertura y gusto por lo que la vida trae a diario, y por las pequeñas cosas, continúan siendo una inspiración.

Lisa: Ilona, ¿cuál es tu parte favorita del día?

Ilona: Cada momento, ¡porque estoy viva! Reúno mi energía y hago toda clase de cosas, como cuando tomo mi baño. Al terminar, me pongo mis ungüentos y cremas. Adoro el aroma. Busco disfrutar todo lo que hago.

Lisa: Eres artista, ícono de la moda e intérprete en el escenario. ¿Qué vino primero?

Ilona: He sido artista toda mi vida, pero tuve distintos trabajos para poder mantenerme. Porque, a menos que nazcas siendo rica o que tengas algo que te haga especial, debes arreglártelas de alguna manera. Es difícil ganarte la vida como artista, como probablemente sabes.

Lisa: Sí, ¡lo sé! Cuéntanos de tu experiencia como profesora.

Ilona: Llevo 40 años enseñando pintura impresionista. Cada año recorría Estados Unidos durante 2 meses, en la primavera y el verano; fui a Arizona, Iowa, Carolina del Sur y del Norte, Kentucky, Indiana. Vamos, estuve por todos lados. Me quedaba una semana en cada comunidad y luego venían por mí para llevarme a la siguiente, así que di muchas clases itinerantes.

Lisa: Si han pasado cuarenta años, ¿quiere decir que empezaste cuando tenías 50?

Ilona: Creo que inicié en el año 1969. Todavía enseño en Nueva York, pero ya no viajo.

Lisa: ¿Sientes que ahora eres una persona diferente de cuando eras joven?

Ilona: Todos somos personas distintas en

función de nuestras experiencias, porque vamos aprendiendo mientras estamos vivos. Cada día aprendes algo, a menos que no estés abierto.

Lisa: ¿En qué sientes que has cambiado en comparación con hace diez años?

Ilona: Hasta hace poco, siempre tenía la sensación de que no era suficientemente buena. Nunca me daba crédito, incluso cuando hice cosas importantes, como el retrato de Ayn Rand. Ella me buscó porque le gustaba mi estilo; de hecho, la convenció tanto, que lo usó en las portadas de todos sus libros. Cuando ves las cubiertas de sus obras, llevan el retrato que le hice. ¿Sabías que también pinté al dramaturgo Tennessee Williams?

Lisa: Vaya, no, no lo sabía. ¡Es maravilloso!

Ilona: Soy la única persona que lo hizo. Lo conocí en la ciudad de Key West en una cena; no tenía idea de quién era, pero él y yo de inmediato congeniamos y nos reímos mucho. Era la presentación del retrato que le hice a un conocido de Key West, fue la develación, y el escritor estaba entre los invitados; le dijo a Roy, nuestro anfitrión: "Nunca he querido que me pinten, pero me encantaría conocer al tipo que hizo esto". Y nuestro anfitrión le respondió: "Bueno, esto no lo hizo un tipo, sino una chica, y ya la conoces porque está de pie a tu lado". ¡Ajá!

Lisa: Así que cuando eras joven no te dabas mucho crédito, pero ahora que eres mayor, ¿eso ha cambiado?

Ilona: No creía ser suficientemente buena. Sabes, nunca me di crédito. La diferencia que hay entre antes y ahora es que en este momento sé quién soy. Me tomó muchísimo tiempo. Tal vez fue hace diez años, a mis más de 80 años, que lo descubrí. Pero ahora confío en mí y me doy crédito por todos estos años de lucha y por toda la gente a quien he conocido.

Lisa: Has descubierto el secreto de una vida plena: eres feliz, disfrutas y te sientes bien. ¿Qué consejo les darías a las mujeres que tienen problemas para encontrar la felicidad?

Ilona: Todo el mundo tiene problemas con algo. Algunas, lo único que quieren es encontrar a un amante. Otras quieren ser muy famosas. Unas más desean un trabajo bien pagado. Y quizás renuncien si no lo consiguen enseguida. Pero lleva bastante tiempo construir lo que quieres hacer con tu vida.

Además, hay distintas maneras de ser feliz. Si una no funciona, intenta otra. Esto no lo entendía cuando era joven. Nunca imaginé que hubiera varias puertas en la vida. Siempre creí que debía avanzar en línea recta, de la misma forma en que mis padres me educaron. Pero luego descubrí que, si estás abierta, hay muchas puertas en esta vida, y bastante potencial.

Lisa: Entonces, ¿estar abierta a posibilidades es una parte importante de la felicidad?

Ilona: Sí. Busca diferentes maneras de hallar la felicidad si algo no resulta. Pero no te des

HAY DISTINTAS MANERAS DE SER FELIZ. SI UNA NO FUNCIONA, INTENTA OTRA. ESTO NO LO ENTENDÍA CUANDO ERA JOVEN. NUNCA IMAGINÉ QUE HUBIERA VARIAS PUERTAS EN LA VIDA.

ILONA ROYCE SMITHKIN

por vencida de inmediato, como hace mucha gente en la actualidad. Mantener una comunicación abierta también es importante. Por ejemplo, muchas personas que están en una relación y tienen su primera pelea terminan diciendo: "Adiós, nene", ¿sabes? Cuando en realidad es algo que hay que solucionar, y la mejor forma de hacerlo es por medio de la comunicación. Habla, sé honesta acerca de la situación, trata de averiguar lo que está mal y luego intenta resolverlo. No hay soluciones únicas. Cuando te relacionas con otro ser humano —ya sea un profesor, un amante o un socio de negocios—, he aprendido que debes considerar que la otra persona va a tener un punto de vista distinto y que, a menudo, ¡no va a coincidir con el tuyo! Pero el trabajo fundamental es llegar a un acuerdo. En la vida tienes que aprender a llegar a arreglos y a ceder. No tienes que ceder en todo, pero si ambas partes lo hacen un poco, encontrarás paz.

Anna Arnold Hedgeman, defensora permanente del cambio social, tuvo la oportunidad de que su voz fuera escuchada hasta su madurez, lo cual le permitió tener un impacto profundo y duradero en el movimiento a favor de los derechos civiles.

Anna nació en 1899 en Marshalltown, Iowa. Ella y su familia eran los únicos afroamericanos en la pequeña ciudad. Los pilares de su niñez fueron la Iglesia metodista, la educación y una sólida ética de trabajo. Asistió a la Universidad Hamline en Minnesota, donde fue la primera alumna afroamericana de la institución, en la que obtuvo la licenciatura en Letras. Aceptó un puesto como profesora en la histórica Rust College para gente de color, ubicada en el estado de Misisipi; fue la primera vez que la segregaron institucionalmente, pero eso solo impulsó su compromiso a favor de los derechos civiles. Anna abandonó la enseñanza para ocupar la dirección de la Asociación Cristiana de Mujeres Jóvenes (YWCA, por su sigla en inglés), lo cual la llevó a trasladarse a sus distintos planteles por toda la costa este de los Estados Unidos. En 1936 se casó con Merritt Hedgeman, un intérprete afroamericano de música folclórica.

A pesar de que Anna siempre fue activa en las protestas y los derechos civiles, recién cuando tuvo alrededor de 50 años construyó su carrera política. En 1948 la contrataron para el prestigioso cargo de directora ejecutiva de la campaña electoral de Harry Truman, que buscaba la reelección como presidente. Ella fue quien se ocupó de vincular al candidato con los votantes afroamericanos. En 1954 la designaron para el gabinete de la alcaldía de Nueva York, convirtiéndose no solo en la primera mujer, sino también en la primera persona afroamericana en ocupar dicho cargo. Cuando a inicios de la década del 60 el movimiento por los derechos civiles comenzó a ganar terreno y atención nacional, Anna fue una de las líderes más respetadas al ayudar a organizar en 1963 la Marcha sobre Washington por el trabajo y la libertad. En 1966 fue una de las cofundadoras de la Organización Nacional de las Mujeres. Continuó defendiendo los derechos civiles en sus conferencias y libros hasta su muerte, ocurrida en el año 1990 en Harlem, Nueva York.

Debbie Millman es autora, educadora, estratega de marca y la presentadora y fundadora de *Design Matters*, el primer podcast dedicado al diseño, y el de mayor duración. Como exdirectora ejecutiva de marketing en Sterling Brands, trabajó con los clientes para desarrollar algunas de las identidades de marca y productos más reconocidas en el mundo. Es la jefa de redacción de la revista *Print* y la cofundadora del primer programa de posgrado en desarrollo de marcas en la Escuela de Artes Visuales de Nueva York. Es la presidenta emérita del colegio de diseño AIGA y una de solo cinco mujeres que, en 100 años, han ocupado dicho cargo. No fue sino hasta que llegó a sus 40 años que comenzó a darse cuenta y a llevar a cabo todo su potencial dentro de su campo profesional. A la edad de 54, Debbie continúa siendo una líder en el mundo del diseño, tanto en la práctica como en el plano teórico. *Graphic Design USA* la nombró una de las diseñadoras más influyentes de la actualidad.

Lisa: Cuéntanos sobre los primeros años de tu carrera.

Debbie: Cuando tenía unos 20 años, no tenía idea de lo que quería. Sabía que deseaba muchas cosas, pero recibí muy poco apoyo y orientación mientras crecía, así que me sentía muy inhibida acerca de lo que era capaz de hacer y a lo que tenía derecho. Creía que no tenía la suficiente inteligencia, capacidad, belleza, recursos o nada en particular como para hacer lo que fuera. La mayoría de las veces me encontraba los empleos y aceptaba casi cualquier oferta, solo porque me daba miedo que no llegara nada más. Diría que los primeros diez años de mi carrera, de los 20 a los 30, fueron experimentos con el rechazo y el fracaso, porque no hacía más que intentar descubrir de lo que era capaz y lo que podía conseguir. Fue una década muy dura y tumultuosa. Envié una solicitud para un programa de posgrado en periodismo y no me aceptaron, y para el Programa de Estudios Independientes del museo Whitney y también me rechazaron, así que continué tocando puertas mientras diseñaba.

Al inicio de mis 30 años, estaba en un trabajo en el que era bastante infeliz, y casi por accidente me buscó un reclutador para ofrecerme empleo en una agencia de desarrollo de marcas. Me ofrecieron la oportunidad de estar en el área de ventas, y aunque no me consideraba vendedora, ni tenía en mente la posibilidad de hacer carrera en esa área, pensé que era una buena oportunidad para irme de la compañía en la que estaba. Además, tendría la ocasión de aprender sobre el mundo del desarrollo de marcas, que realmente me fascinaba. Así que acepté la oferta;

en ese momento tenía unos 31 años, y descubrí que de verdad era muy buena vendiendo marcas. Entendía íntimamente el proceso y las razones por las que las organizaciones buscaban rediseñar su marca en el cambiante sector de los bienes de consumo. Así fue cómo encontré por accidente que era muy buena en algo en lo que ni siquiera imaginaba posible destacar.

Me dediqué dos años a eso y luego la compañía fue comprada por otra, lo cual fue un gran desafío en términos políticos. Mi jefe renunció y el director creativo un buen día se marchó; fue una temporada muy tumultuosa. Llamé a otra reclutadora y le pregunté si sabía de algo en lo que ella creyera que podría ocuparme. Consideró que me iría bien en Sterling, una pequeña compañía en ciernes que conocía y que acababa de salir de la bancarrota. Me puse en contacto con el director general, nos conocimos y comimos juntos. Me contó que estaba buscando revivir la agencia, y por mi parte decidí que no tenía mucho que perder. Eso fue en 1995. Tenía 33 años.

Lisa: Eres una estrella en tu campo profesional a los 54. A veces suponemos que quienes destacan en su área siempre han sobresalido, pero ambas sabemos que no es cierto.

Debbie: Es verdad. Luego de salir de la universidad, me tomó diez años encontrar mi camino profesional. Y cuando lo conseguí, me dediqué a trabajar realmente duro para impactar en mi campo. Me encargaba de los nuevos negocios, el marketing y las relaciones públicas. Trabajé más duro que nunca, y durante una época renuncié a muchos de mis proyectos creativos personales, como pintar, dibujar y escribir, que siempre han sido muy importantes para mí.

Lisa: Esa hiperdedicación de verdad dio frutos: a los tres años de haber empezado en Sterling, te convertiste en la presidenta del departamento de diseño. En ese momento, varios habrían dicho que alcanzaste la cima del éxito, pero mientras todo eso ocurría, de hecho sentías que había algo que faltaba en tu vida. Tu carrera, como ahora la conocemos, ni siquiera había empezado aún.

Debbie: Me había enfocado únicamente en Sterling y comencé a sentir que lo único que hacía era trabajo comercial, que no estaba haciendo algo que se relacionara solo con el diseño, algo que fuera hermoso por sí mismo.

Estaba tratando por todos los medios de entrar en AIGA y sentía mucho rechazo de su parte. Luego, en 2003, Armin Vit publicó un artículo sobre mí en la revista *Speak Up*, con el que intentó acabar con mi carrera. El artículo se burlaba de mi trabajo y me ponía por los suelos, incluidas todas las identidades que había desarrollado para empresas como Burger King y Star Wars; en esencia, me llamaba una bufona corporativa y una diablesa.

Quedé devastada. Su texto me destrozó, me humilló y avergonzó. No sabía si la gente de Sterling se enteraría de lo que escribieron de mí y si eso dañaría a la agencia. Terminé respondiendo en el foro (a la fecha continúa en línea) para defender el tipo de trabajo que estaba haciendo, pero la situación solo empeoró. Me destrozaron aún más, e hice lo que pude para no perder la clase y para no permitir que me acosaran, ni yo hacerlo. Me mantuve firme, y un par de semanas después Armin me escribió para disculparse, no por considerar que mi trabajo era una mierda, como él mismo señaló y me confesó, sino por la manera en que me acosaron en el sitio de la revista.

Antes de eso, nunca había escuchado hablar de los blogs, y pensé que había algo realmente interesante en la idea de poder conversar en tiempo real con mis colegas diseñadores, para que rindieran cuentas, se debatieran ideas y hubiera discusión. Le comenté eso a Armin y me respondió para preguntarme si quería escribir para la revista en línea. Enseguida acepté y comencé a colaborar con *Speak Up* ese mismo año, y a partir de ahí todo se dio como bola de nieve. Empecé a escribir e, incluso, uno de mis textos se volvió viral en el año 2004.

Lisa: Así fue cómo empezaste a escribir sobre diseño. Debió ser maravilloso para esa parte de ti que buscaba hacer algo más que solo el trabajo en Sterling.

Debbie: Sí, y al poco tiempo me llamaron de una red de emisoras de radio por Internet que apenas iniciaba; me buscaron para que fuera la presentadora de un programa. Enseguida me di cuenta de que no me iban a pagar y que, de hecho, yo iba a tener que costear mi tiempo al aire. Pero en ese momento, como estábamos comentando, estaba verdaderamente deseosa de hacer algo creativo que

no fuera solo vender proyectos a los clientes. Se trataba de las ideas y el diálogo, y así fue cómo llevé mi interés de escribir sobre diseño en tiempo real a hablar sobre el tema. Transmití cerca de cien episodios, de 2005 a 2009. Hacía cerca de veinticinco programas al año, y todo el tiempo pagué por la producción; cada vez mejoraba más y más. Antes del programa, no aspiraba a ser locutora de radio. iTunes acababa de empezar y pensé: *Vaya, voy a subir esto a la plataforma*, y se convirtió en el primer podcast de diseño de forma predeterminada. No había ningún podcast de diseño porque el formato ni siquiera existía, así que todo ocurrió de manera muy orgánica.

Después, en 2009, Bill Drenttell me preguntó si me interesaría llevar mi programa a la página de *Design Observer*, y acordamos una nueva transmisión profesional. Comencé a tomarme el programa muy en serio.

Lisa: Luego recibiste una llamada importante que te presentó otra buena oportunidad.

Debbie: El equipo de escritores de *Speak Up*, como una especie de banda de renegados, asistió a la conferencia de AIGA en Vancouver en 2003. De camino a la conferencia, conocí a Joyce Kay, que era la jefa de redacción de la revista *Print*, y le conté acerca de *Speak Up*. Asistió a una de nuestras fiestas y me invitó a participar como panelista en el evento en vivo y en directo que iba a realizar como parte de la conferencia de diseño How del próximo año, en 2004. Allí conocí a Steve Heller, que es director de arte, periodista, crítico, autor y editor. Lo invité a comer. Le conté que estaba interesada

en escribir un libro y le compartí mis ideas. Me dijo que le parecían terribles y que siguiera trabajándolas para mejorarlas. Cuatro meses después, de la nada, le recomendó a un editor que me llamara, pues este le había ofrecido un contrato para publicar que él rechazó; así fue cómo nació *How to Think Like a Great Graphic Designer*, mi primer libro y best seller. Steve también me pidió que creara con él el programa de un máster en desarrollo de marcas para la Escuela de Artes Visuales. Más tarde, Emily Oberman me pidió que formara parte del consejo de AIGA en Nueva York, donde permanecí dos años, para luego integrarme al consejo nacional. Después, me pidieron que fuera la presidenta de la organización. Así que todo lo que me ha ocurrido después de 2003 se remonta a ese foro de *Speak Up*. Cada suceso.

Lisa: Es el ejemplo perfecto de convertir los limones en limonada, o aprovechar las malas experiencias.

Debbie: Ni siquiera fue hacer limonada; tomé los limones y ¡preparé una tarta de limón con merengue! Creo que cualquier cosa que valga la pena toma tiempo y requiere lidiar con el rechazo y las críticas. Es prácticamente imposible tener una carrera sin altibajos, y cuanto más tiempo te dediques a aprender de tus experiencias, más duradera será tu carrera.

Lisa: Todo lo que ocurrió fuera de Sterling comenzó a suceder en la transición de tus 30 a los 40 años, como resultado de tu perseverancia y valentía, que te ayudaron a enriquecer y fortalecer tu carrera: la escritura, el podcast y tu relación inicial con AIGA. Además, tomaste una clase con uno de los grandes del diseño, Milton Glaser, y eso te inspiró a tomar todas estas vivencias y a desarrollarlas intencionalmente.

Debbie: Sí, eso fue en el año 2005. Fue un curso de verano intensivo en la Escuela de Artes Visuales dirigido a diseñadores de nivel intermedio y a creativos que necesitaran o quisieran revitalizar su práctica y su disciplina. La clase consistía en declarar lo que querías lograr para la siguiente etapa de tu vida. Así que llegué al curso verdaderamente abierta y ávida por dar el gran salto hacia mi siguiente capítulo. Uno de los últimos ejercicios fue imaginar cómo querías que fuera tu vida si pudieras hacer lo que quisieras. Hice una lista de veinte cosas que quería lograr y que me parecían muy poco probables; eran sueños enormes. Y si ahora veo esta lista (han pasado 11 años y era un plan a 5 años), al término de ese plazo diría que un 60% o 70% se volvió realidad, a los diez años, considero que un 80%, y en este momento, es probable que un 90%. Hablo de grandes sueños, no del tipo: "Quiero remodelar mi baño". Más bien eran: "Quiero repensar toda mi vida, quiero dar clases y formar parte de AIGA de una manera significativa". Así fue cómo en 4 años pasé de querer involucrarme en dicha organización a dirigirla a nivel nacional. Quería dar clases, y al término de los 5 años, estaba dirigiendo un programa de posgrado.

Lisa: Muchas mujeres hablan de sentir mayor confianza con la edad, pero tú sostienes que, si bien es importante, tener valor lo es aún más. Háblanos de esto.

Debbie: Creo que la confianza surge de un esfuerzo repetido que da resultados. Así que si haces algo y tienes éxito, sabes que si lo repites podrás lograrlo otra vez. Por eso el éxito que se repite crea confianza. Para mí en realidad es más importante tener valor, porque tiendes a sentir miedo de las cosas que no has hecho antes y en las que no tienes experiencias previas exitosas. La valentía es más importante que la confianza porque te obliga a probar cosas nuevas y a abandonar la comodidad.

Lisa: También dices que con cada año que envejeces, tu vida mejora.

Debbie: Tuve una autoestima tan baja en los primeros 30 años de mi vida, que no creí que fuera a conseguir mucho de lo que quería. Era muy, muy importante para mí tratar de encajar. Si no tenía nada, por lo menos iba a pertenecer. Pensaba: "Al menos tengo un grupo de amigos en quienes puedo confiar". Pero cuanto más envejezco y más aprendo a depender de mí misma, más noto que puedo cuidar de mí y ser autosuficiente. Comencé a tener menos miedo de mi verdadero yo. Además de ser más valiente en mi carrera, también me asumí como lesbiana a los 50 años. Así, empecé a sentirme más abierta a las posibilidades que había en mi vida.

Lisa: ¿Qué consejo les darías a las mujeres mayores que tienen miedo o se sienten estancadas y están considerando dedicarse a su pasión, a salir del clóset o a cambiar su vida de una forma significativa?

Debbie: Debido a la manera en la que fui educada, sentía mucho miedo de ponerme en una situación en la que fuera vulnerable. Si tus acciones surgen de ese lugar en tu corazón, es muy, muy difícil hacer algo que exija confianza, valor, resistencia o perseverancia en el largo plazo. Creo que si las personas quieren hacer algo que les da miedo, es probable que su temor nazca de la sensación de sentirse incapaces. Así que mi consejo es —y eso fue lo que hice— que examines por qué sientes que no puedes confiar en ti. ¿Por qué crees que no podrás hacer algo que realmente quieres? ¿Qué mentalidad es la que sustenta esa creencia?
Si puedes modificar esa forma de pensar o esa creencia y entender por qué te sientes de esa manera, entonces eso te ayudará a encontrar un inmenso impulso. Con frecuencia cortamos las posibilidades que hay en nuestras vidas antes de siquiera imaginar lo que podemos conseguir. Comenzamos a censurarnos antes de empezar a soñar.

Lisa: Entraste a la segunda mitad de tu vida, y estás prosperando de una forma que no conseguiste en la primera. ¿Qué sigue? ¿Qué es lo que te motiva a salir de la cama cada día?

Debbie: La posibilidad de que puedo hacer lo que sea. En cuanto reconocí que me quedaba una cantidad limitada de tiempo en mi vida, comencé a pensar: *Quiero hacer lo más que pueda*. La mayoría de las veces se reduce a no querer vivir con tanto miedo. Quiero seguir sintiendo que puedo probar lo que sea con el corazón y la mente abiertas, y hacer lo mejor que esté en mis manos para impedir que mis miedos y poca visión sean un obstáculo.

QUIZÁS LA GENTE
A LO QUE SUCEDE
EDAD, PERO NO LO
REVELACIóN... ES
QUE SiENTES UN LLA
ViViR LA VIDA QUE
"SUPONE" QUE DEBES
ES UN MOMENTO EN
tE DESAFÍA A QUE D
QUE ERES PARA QUE
EN REALIDAD.

LLAME "CRISIS"
EN LA MEDIANA
ES. MÁS BIEN ES UNA
UN MOMENTO EN EL
MADO URGENTE PARA
QUIERES, NO LA QUE SE
VIVIR. LA REVELACIÓN
EL QUE EL UNIVERSO
EJES IR LO QUE CREES
ASUMAS QUIEN ERES

BRENÉ BROWN

Grandma Moses (o la Abuela Moses) ni siquiera había puesto un pie en un museo la primera vez que tomó un pincel a los 76 años, a pesar de que su estilo de pintura se comparó con el de Henri Rousseau y el de Bruegel el Viejo. La artista llegó a ser una de las pintoras más reconocidas de los Estados Unidos, adorada por sus representaciones primitivas de la vida rural.

Nació como Anna Mary Robertson en Greenwich, Nueva York, en 1860. Tuvo una educación limitada antes de abandonar su hogar a los 12 años para encargarse de la casa de una familia vecina. Trabajó como empleada doméstica hasta los 27 años, cuando se casó con Thomas Salmon Moses. Con el tiempo, el matrimonio compró una granja y crio a cinco hijos (otros cinco murieron en la infancia). Tras el fallecimiento de su esposo en 1927, ella siguió viviendo en la granja que ahora administraba su hijo, se retiró y comenzó a bordar, pues nunca había sido una mujer desocupada.

A los 76 años, la artritis hizo que el bordado le resultara doloroso, por lo que se dedicó a pintar, creando paisajes detallados de la vida rural que tomaba de sus recuerdos. La "Abuela" Moses, como se le llegó a conocer, presentó su obra (junto con sus mermeladas y gelatinas) en la feria del condado. Las pinturas se exhibieron en la farmacia local, donde el coleccionista de arte Louis Caldor las pudo apreciar y comprar. Caldor consiguió interesar a las galerías en el trabajo de la artista, a pesar de que a los 79 años a muchos les parecía improbable que ella siguiera produciendo nuevas obras. Cuatro años después de empezar a pintar, en 1940, tuvo su primera exposición individual a la edad de 80.

Impulsada por la ola de interés que había en ese momento por los artistas autodidactas, su popularidad creció gracias a su prodigiosa productividad, pues pasaba entre cinco y seis horas al día pintando sobre una vieja mesa de cocina. Ataviada con su icónica coleta gris, sus cuellos de grandes holanes y lentes de montura metálica, se convirtió en una figura de la cultura popular de mediados de siglo, apareciendo en revistas y en la televisión, aunque jamás cambió su vestimenta pragmática y su actitud franca. Según sus propias palabras: "Si no hubiera empezado a pintar, habría criado gallinas". Continuó pintando casi a diario hasta su muerte a los 101 años, y llegó a crear más de quinientos cuadros.

Dara Torres es reconocida por haber regresado a los Juegos Olímpicos en 2008. En ese momento tenía 41 años, era la nadadora más veterana en conseguir un lugar en el equipo olímpico de natación estadounidense, y obtuvo tres medallas de plata, una en cada modalidad en la que participó. Aunque no fue una tarea sencilla, era la tercera ocasión en que retomaba su competitiva carrera como nadadora. Ya lo había hecho dos veces antes: primero, luego de una pausa de dos años antes de los Juegos Olímpicos de 1992, y de nuevo en el 2000, a los 33 años. Ese año se llevó cinco medallas, y también fue la nadadora más veterana del equipo. Dara es la primera y única atleta en haber nadado en cinco Olimpíadas para Estados Unidos, además de ser una entre un puñado de atletas olímpicos en ganar medallas en cinco juegos distintos. En diez ocasiones disminuyó su propia marca estadounidense en los 50 metros estilo libre, más que cualquier otro de sus compatriotas; marca que rompió a los 40 años, a solo 16 meses de haber dado a luz a su primera hija. Luego de retirarse, escribió dos libros, incluido *Age Is Just a Number: Achieve Your Dreams at Any Stage in Your Life*. En la actualidad, recorre el país como oradora motivacional.

Lisa: Durante tu carrera como nadadora ganaste doce medallas olímpicas, rompiste diez veces tus marcas y obtuviste tantos premios por ser "la primera", "la más veterana" o "la única", que es difícil seguirles la pista. En retrospectiva, ¿cuál dirías que es tu logro más significativo en la natación?

Dara: ¡No creo tener solo uno! Si me hubieras preguntado lo mismo de joven, probablemente habría mencionado una medalla o una competencia, y habría señalado que era esa. Pero ahora que soy mayor y lo veo en retrospectiva, no se trata solo de eso. Lo que me resulta memorable fue el viaje que hice para llegar a ese punto, lo que aprendí de mí y lo que implicó llegar a ser la mejor versión de mí misma. Además, tratar de mantener un equilibrio entre la maternidad e ir tras mis sueños y

metas probablemente fue lo más gratificante rumbo a las Olimpíadas de 2008.

Lisa: Bueno, no solo tuviste un regreso célebre, sino tres. ¿Hubo algo en particular que te inspirara a volver a competir en los Juegos Olímpicos de 2008?

Dara: Hay muchas similitudes en cada regreso, y creo que lo principal fue que extrañaba este deporte. Toda tu vida formas parte de algo y luego te alejas de eso, pero hay una parte de ti que de verdad lo extraña. Personalmente, sé que echaba de menos competir. Incluso creo que en mi primer regreso —iba a cumplir 25 años en 1992— ya me consideraban demasiado vieja para nadar. Pero me dije: "De acuerdo, ahora soy mayor, así que ¡hagámoslo!". Cada regreso tuvo que ver con

extrañar el deporte, con amarlo, con enamorarme de nuevo de él después de haberme alejado un tiempo, y también con tratar de hacer algo que nadie había hecho.

Lisa: Hablando de eso, en ambas competencias, en especial en 2008, fuiste la nadadora más veterana en el equipo olímpico, con 41 años. ¿Cómo fue para ti, en términos de tu relación con los otros nadadores?

Dara: Fue algo diferente, porque o tenía la misma edad o era mayor que los entrenadores. Me preguntaba si sería como la mamá gallina, como una tía o la hermana mayor. ¿Dónde iba a encajar? Cuando estás en un equipo como ese con tanta camaradería, te das cuenta de las diferencias, digamos, a la hora de sintonizar la radio en la camioneta rumbo a la práctica, pues ellos querían escuchar hip-hop y yo, rock clásico; o en el hecho de que no podía entrenar nueve veces a la semana. Tenía cinco entrenamientos semanalmente, mientras que ellos hacían muchos más, porque mi cuerpo no conseguía recuperarse. En cuanto al sentido de comunidad y a cómo nos llevábamos, no siento que nadie me haya tratado distinto. Creo, si acaso, que pude ayudar a los más jóvenes cuando tenían dudas. Fue una buena sensación tratar de ayudar a los chicos, hablando con ellos cuando se veían muy nerviosos. Quizás no nadaron bien, o tal vez sí, pero sin importar las circunstancias, fue agradable saber que podía estar ahí para apoyarlos si me necesitaban.

Lisa: Cuéntanos en qué cambió físicamente tu entrenamiento y la forma de competir a los 40, respecto a cuando estabas en tus 20 y 30 años.

Dara: Cuando decidí regresar, en realidad solo entrenaba para hacer ejercicio porque estaba embarazada. Tenía náuseas, pero quería ejercitarme. Y no quería que eso fuera una excusa, del tipo: "No quiero entrenar porque estoy embarazada", y de pronto me di cuenta: *Espera, podría ir a una piscina, porque tiene canaleta. Si me dan náuseas, podría vomitar en la canaleta y continuar.* Esa era mi lógica, no buscaba competir. Y terminé nadando el día en que tuve a mi hija.

Uno de mis entrenadores me preguntó si quería nadar en un encuentro que habría tres semanas después de que di a luz. Le dije: "Déjame preguntarle a mi doctor", y él médico me respondió: "Claro, puedes hacerlo". Así que nadé y con eso bastó. Luego fui al campeonato de masters porque mi novio en ese momento y padre de mi hija regresó a nadar después de varios años y quería ir. Así que fuimos, y de algún modo terminé calificando para las pruebas olímpicas. No lo busqué, pero la gente no dejaba de acercarse a mí en este encuentro y me decía: "¡Necesitamos a alguien de 40 años en la Olimpíadas!". Yo les respondía: "¡Genial! ¿Quién va a ir? Hay que apoyarlos". Y ellos me contestaban: "¡Tú!".

Lisa: Y así te decidiste.

Dara: Sí; esperaba hacer lo mismo que cuando entrenaba a los 32 o 33 años, que consistía en hacer todo lo que los chicos hacían, pero rápidamente aprendí que no podía resistir los entrenamientos dobles. No había manera de que mi cuerpo se recuperara de eso, y no aguantaba lo mismo que ellos. No podía con el metraje, lo cual mentalmente causó estragos en mi cerebro. Me decía: *No estoy haciendo tanto o más que ellos, entonces, ¿cómo voy a competir a su nivel?* Esa era mi lógica: debía hacer más de lo que ellos hacían mejor.

Con el tiempo, tuve que aceptar que no íbamos a estar a la par y que tenía que hacer lo que fuera mejor para mí y para mi cuerpo. Así fue cómo, después de muchos años, tuve que cambiar mi creencia de que lo mejor siempre era el "extra". Muchas veces lloré en el sofá de mi entrenador porque estaba agotada y no me podía mover. Tenía que asegurarme de tener una muy buena comunicación con él y que entendiera que, si dejaba la práctica, era porque de verdad me estaba lastimando.

Lisa: Escribiste el best seller *Age is Just a Number*, y eres una especie de experta en desafiar la edad. ¿Qué consejo les darías a las mujeres que están interesadas en intentar una proeza atlética o que quieren retomar algo en lo que eran realmente buenas?

Dara: Pienso que lo principal es no compararte con quien eras de joven. No te digas, por ejemplo: *Cuando tenía 15 años, podía nadar en este tiempo, y ¿por qué no puedo volver a hacerlo?* Creo que de verdad solo tienes que escuchar a tu cuerpo y no sentir que debes repetir lo que hacías en tu juventud. Tienes que fijarte nuevas metas.

Lisa: Desde que te retiraste en el año 2012, ¿cómo continúa siendo parte de tu vida la natación? ¿Cómo es tu entrenamiento ahora?

Dara: Solo voy a nadar un par de días a la semana para mantenerme en forma. Nado en el equipo de masters de Harvard. Recuerdo que en mi primer día estaban por sacar el cronómetro y dije: "Miren, ya tuve suficiente con que me tomen el tiempo. No necesito ir rápido". Ahora voy a mi propia velocidad. Lo hago por ejercitarme. Y creo que siempre hay alguien que entra a la piscina que quiere competir conmigo, pero yo solo me pongo mis aletas y lo tomo con calma. Estoy disfrutando la paz y tranquilidad del agua, y no siento como si siempre tuviera que competir. Bueno, de vez en cuando hay un tipo en el otro carril y me digo: *Bien, ¿quieres competir? Hagámoslo.*

Katherine Johnson, con su pasión por las matemáticas y su inquebrantable curiosidad, logró superar tenazmente el racismo y el sexismo de mediados del siglo XX para encontrar en su madurez un lugar entre los pioneros estadounidenses de la exploración espacial.

Katherine nació en 1918 en Virginia Occidental. Su amor por los números y las matemáticas fue evidente desde muy niña. Impaciente por asistir a la escuela como sus hermanos mayores, pronto los superó e ingresó al bachillerato a los 10 años y a la universidad, a los 15. En una época en la que la escolaridad de la mayoría de los afroamericanos no iba más allá de la educación secundaria, sus logros eran increíbles.

En la universidad tomó todos los cursos disponibles de matemáticas y fue la primera afroamericana en ingresar a su escuela de posgrado. Las oportunidades laborales para las mujeres eran casi inexistentes, por lo que Katherine se enfocó en la docencia, se casó y se convirtió en ama de casa y madre de tres niñas. Cuando su esposo enfermó de un tumor cerebral, ella quiso reintegrarse a la fuerza laboral. Un familiar le contó que el Comité Asesor Nacional para la Aeronáutica, la agencia predecesora de la NASA, estaba buscando específicamente a afroamericanas para trabajar como "computadoras humanas" (las mujeres tenían que completar los cálculos de los ingenieros) en el Laboratorio de Aeronáutica Langley Memorial, que actualmente es el Centro de Investigación de Langley.

A las pocas semanas de su contratación, las habilidades de Katherine y su asertividad la llevaron del equipo de cálculo a formar parte de las reuniones informativas con los ingenieros. Cinco años después, a la edad de 40, se convirtió en la única integrante del Space Task Group (un comité enfocado en las misiones espaciales tripuladas por humanos) que no era blanca ni hombre. Entre los 40 y los 70 años, Katherine fue una parte esencial e integral de la NASA. Entre sus contribuciones se encuentran los cálculos de la trayectoria del primer estadounidense en el espacio, la ventana de lanzamiento del Proyecto Mercury y la trayectoria del recorrido a la luna del Apolo 11. Katherine continúa siendo un ejemplo a seguir para las mujeres y la gente de color en la ciencia. En el año 2015, a los 97 años, el presidente Obama le otorgó la Medalla Presidencial de la Libertad.

¿ESTÁN CONMIGO?

por

Chrissy Loader

Sinceramente, hay cosas que nunca pensé seguir haciendo en este momento de mi vida. Por ejemplo: tener citas o usar un bikini; comer burritos en el desayuno, el almuerzo y la cena (o querer hacerlo); e ir a conciertos de rock. Por supuesto, también hay cosas que imaginé que haría hace mucho tiempo, pero que nunca las concreté. Me refiero a probar LSD, escribir la siguiente gran novela estadounidense, encontrar el amor verdadero, procrear y tener un trío en un hotel de París. (De hecho, en realidad no soy el tipo de chicas que se involucra en tríos, pero ¿no sería divertido?).

A decir verdad, si comparo mis expectativas con la realidad, mi vida se invirtió de una manera extraña. Me casé después de los 20 y la mayor parte del tiempo me la pasé viendo la vida desde las tribunas... O por lo menos desde abajo del escenario, considerando que mi esposo en ese momento tocaba en una banda. Sin embargo, en la universidad tenía grandes sueños: quería ser escritora, cantante o *algo*. Quería ver y hacer de todo. Aunque conforme la vida siguió su curso, preferí jugar a lo seguro. Terminé, literal y metafóricamente, en el asiento trasero, sin ningún verdadero deseo o capacidad de controlar el rumbo de mi vida. Y aunque no me veo consumiendo drogas alucinógenas por diversión en el corto plazo, entre más envejezco, me veo tomando más riesgos.

Cuando pienso en cómo ocurrió este cambio, no puedo evitar contar el tiempo —y mis obstáculos— según la cantidad de conciertos de rock a los que asistí. Esto incluye una serie de bares pequeños, bandas teloneras caprichosas, boletos para bebidas y cervezas sin fondo, hasta que finalmente llegué a la cima de esta locura. A pesar de que escuchaba al legendario locutor Casey Kasem y tenía a mi merced la radio del auto desde pequeña, mi verdadero amor por la música comenzó a los 12 años. Esa fue la primera vez que asistí a un concierto en la Feria Estatal de California, donde accidentalmente conocí a la banda de *new wave* Romeo Void, junto con mi mejor amiga, quien acababa de convertirse al cristianismo. Escuché el gruñido de la vocalista Debora Iyall cantando: *Never... never say never!*, que nos atrajo más que los juegos mecánicos y de destreza y los puestos de algodón de azúcar iluminados con lámparas de neón. Así fue cómo terminamos gozando una verdadera actuación en vivo sin nuestros padres.

A los 14 años, vi a los Thompson Twins en la Universidad de California en Davis. Un año después, vestida con un esmoquin de terciopelo, zapatos planos y maquillaje blanco de geisha, leía de pie un ejemplar gastado de *Edie : An American Biography* frente al auditorio de la misma universidad, mientras esperaba para ver la presentación de The Cure, en su gira Head on the Door. Detrás del escenario, en algún momento entre el beso en la mejilla que le di al vocalista, Robert Smith, y beberme una botella de vino que "tomé prestada" de mis padres, conocí extraoficialmente al adolescente que más tarde se convertiría en mi esposo; aunque, de manera oficial, nos conocimos cinco años después.

A los 16, vi a The Smiths en su gira Queen Is Dead, luego a Camper van Beethoven en la época previa a su separación, y a REM en su gira Green. No menciono a estas bandas para presumir lo que sin duda es mi buen gusto, sino para señalar que en aquel entonces creía saber quién diablos era yo o, por lo menos, lo que me gustaba. Creía que The Smiths era el mejor grupo del mundo y también que algún día iba a reponer la botella de vino que había tomado prestada.

Mientras estudiaba Literatura Inglesa y Estadounidense en Berkeley, y aún llena de posibilidades, vi a Buffalo Tom en el bar Berkeley Square y miré alrededor de la sala el tiempo suficiente para decirme: *No voy a quedarme mucho más en esta fiesta. Algún día me voy a deshacer de mi colección de discos, de mis camisetas con nombres de bandas manchadas de cerveza, y dejará de importarme un carajo mantenerme al día de la música nueva. Voy a hacer lo mismo que han hecho las generaciones antes de mí: me quedaré en casa y escucharé los "clásicos".*

Pero luego, en mi último año de universidad, conocí oficialmente a mi actual exesposo en un bar de mala muerte en Sacramento. Él estaba estudiando Planeamiento Urbanístico y tocaba en una "banda" a la que llamó Pavement ('pavimento'). Yo tenía la especialidad en estudios ingleses e imaginé que al graduarme sería una artista, escritora o actriz —bueno, incluso un mimo— y que viajaría como loca por el mundo y visitaría lugares como la India, Indonesia, Irlanda… e Indiana.

Repetíamos los discos de Echo and the Bunnymen y las Sun City Girls, bebíamos gin-tonics y comíamos pizza. En ese momento no lo sabía, pero ahora puedo asegurar inequívocamente que esta fue una de esas casualidades que cambiaron el rumbo de mi vida. Ese planificador urbano se convirtió en mi primer novio. Y aunque viajé una temporada por Europa y escribí mi cuota de (muy) mala poesía en el Café Intermezzo, un año después de graduarme terminé vendiendo unas horribles camisetas color turquesa en el primer concierto de Pavement en San Francisco. En ese momento, aunque estaba parada sobre una silla al fondo del lugar, sentí que estaba presenciando cómo se hacía historia. Animaba a mi novio y sentía que podía apoyarlo y ayudarlo a mantener todo en orden a fuerza de voluntad. Y estaba funcionando. Se percibía la electricidad que flotaba en el ambiente. Algo increíble estaba ocurriendo cuando el público cantaba: "Everything's ending here"; parecía que algo estaba por comenzar.

No envié mi solicitud al posgrado ni di clases de inglés en Japón, tampoco acepté el trabajo en el periódico alternativo o tan siquiera me convertí en mimo (al menos por el momento). En lugar de eso, me dediqué los siguientes diez años a administrar las finanzas del grupo de mi novio y a responder los correos de sus seguidores. Cuando tocaron en el festival Lollapalooza, volaba a ciudades como Atlanta para recoger el dinero de los productos del grupo y lo metía en un sobre de paquetería para volar de regreso a San Francisco, donde vivíamos. Escribía cartas a la World Wide Web para reservar un sitio web con el nombre "Pavement" y milagrosamente recibía un sobre manila como respuesta. También hice algunas cosas para mí, como tomar una clase aislada de cine o preparar cafés en una cafetería local. Pero, en general, voluntariamente intercambié mis sueños por la oportunidad de subirme a los de alguien más.

Me tomó bastante tiempo entender que necesitaba ser la protagonista de mi propio espectáculo, pero al final lo conseguí. El verano antes de partir rumbo al posgrado en Seattle, terminé en otra sala de conciertos viendo a mi aún esposo presentarse con un grupo distinto. Esa vez fui encargada de la gira y conduje una camioneta blanca por el medio oeste del país para que el acto solista de mi ex abriera los conciertos de Wilco, después de separarse de Pavement. Fue un período difícil y, en retrospectiva, veo que ahí fue cuando comencé a descubrir quién era yo, justo cuando mi ex estaba pasando por el duelo de la pérdida de su propia identidad.

La banda se presentó en Evanston, Illinois, donde fui una de las dos únicas personas que asistió. Fue el tipo de concierto que te puede quebrar, incluso si solo eres del público. Quería

tomar al grupo y esconderlo detrás de la mesa de productos de la banda. Pero esto era algo que no podría sostener: ni al grupo ni mi futuro imaginario. Alguna vez pensé que en cuanto Pavement terminara, mi "verdadera vida" comenzaría. Pero me quedó claro que no había tal cosa como una verdadera vida, solo esta.

Unos meses antes de divorciarnos, más o menos cuando estaba por graduarme, ocurrieron dos situaciones. Me percaté de que quería retomar mi apellido de soltera. Jamás me había apegado especialmente a mi nombre, pero de pronto lo eché de menos.

Por la misma época, mi ex dejó de escuchar música nueva. "Todo suena igual", decía. "Detesto a las nuevas bandas". Empezó a comprar las recopilaciones de Bruce Springsteen y Tom Petty, y ordenaba alfabéticamente sin cesar su vasta colección de discos. En cambio, yo comencé a escuchar la música sinceramente. Leía las reseñas, seguía las recomendaciones e iba a conciertos por mi cuenta.

Al terminar el posgrado, estando de nuevo soltera y viviendo sola por primera vez en mi vida, di clases de escritura creativa en la Universidad de Washington y escribía reseñas de restaurantes para el periódico *Stranger*. Al final, regresé a San Francisco y continué descubriendo mis propios intereses. Me di cuenta de que tenía una brújula interna que me llevaba por rumbos de los que ni siquiera sospechaba su existencia.

En los últimos años, he organizado cenas alocadas como si fueran un deporte, y viajé a Vietnam, India, Cuba y África. Y he escrito artículos y cuentos sin que me importe si alguien les presta atención, además de que hace poco filmé algunos cortometrajes con mis amigos.

Hoy tengo 47 años y sigo yendo a conciertos. ¡A la mierda! ¿Por qué tendría que renunciar a esto? Puede que envejezca y me vea decrépita, pero en verdad sé que no hay un límite de edad cuando se trata de apreciar y crear arte y música. No hay nada escrito sobre que debamos renunciar a las cosas que amamos al llegar a cierto momento de la vida.

Hace poco vi a Dungen en el parque nacional Redwood, rodeada de árboles y de suecos desenfrenados que bailaban con sus bebés. Vi a Savages en el auditorio Fillmore, a Black Mountain en la sala de conciertos The Independent, y, por recomendación de una amiga, he estado escuchando sin cesar al grupo A Giant Dog. Aunque sea una vieja, me sigue gustando bailar.

La otra noche vi a Cate Le Bon en The Chapel. El lugar estaba lleno, y me encontré a unas amistades que no había visto en un tiempo. Me quedé detrás de un tipo verdaderamente alto y tenía que esforzarme para ver pero, de pronto, me sorprendió escuchar la temblorosa guitarra de Cate y una magia increíble se percibió en el ambiente. Algo estaba ocurriendo, ¡lo sabía!

Se me aceleró el corazón y sentí la punzada del llanto que se acumulaba dentro de mí. La música me hizo sentir mi corazón roto, y el ir y venir de la felicidad y la desesperanza que se alternan en la vida. Me perdí en la voz efervescente de la cantante, y sus letras me sacudieron cuando entonó: "Are you with me now? AhAhAhAh!". (*¿Están conmigo?*). Sentía tanto como ella, de todo, como nunca lo había hecho, o puede ser que incluso más.

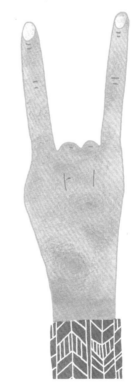

Chrissy Loader es una académica que ya no ejerce, es escritora independiente, cineasta en ciernes y la directora editorial de Presidio, un innovador parque nacional ubicado cerca del puente Golden Gate. Vive en San Francisco y está trabajando en el guion de una comedia acerca de una banda venida a menos que sale de gira por Estados Unidos aproximadamente en el año 1991.

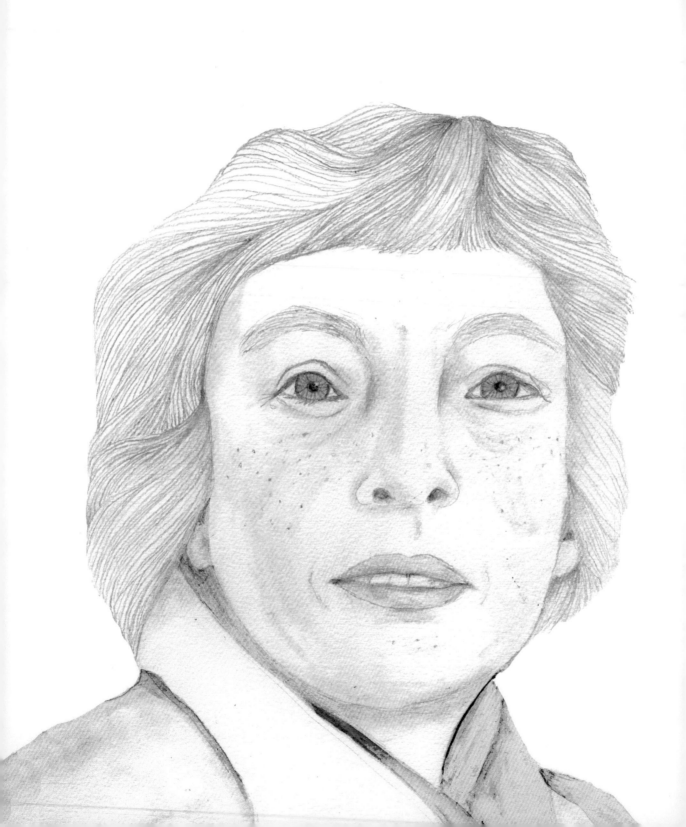

Marguerite Duras tenía 70 años cuando se publicó su primer libro exitoso, *El amante*, con el que ganó el Premio Goncourt, el galardón literario más importante de Francia. Como sobreviviente de una niñez problemática y una vida de alcoholismo, utilizó sus recuerdos para crear la novela por la que sería más recordada.

Marguerite nació en 1914 en Saigón, en lo que entonces era la Indochina francesa y ahora es Vietnam, de padres profesores. Su padre murió unos cuantos años después, dejando en la indigencia a Marguerite, sus dos hermanos y su madre. Con el tiempo, la mujer reunió suficiente dinero para comprar una pequeña granja, pero la niñez de la futura autora quedó marcada por las dificultades, la pobreza y la violencia familiar. En su adolescencia sostuvo relaciones sexuales con un chino adinerado mayor que ella, experiencia que más tarde llevaría a la ficción en *El amante*. "Muy temprano en mi vida, fue demasiado tarde", escribió.

Marguerite partió a Francia para asistir a la Sorbona, y más tarde se casó y tuvo un hijo. Después de estudiar ciencias políticas y derecho, se involucró en el Partido Comunista y con la Resistencia francesa durante la Segunda Guerra Mundial. Cerca de cumplir 40 años, comenzó a escribir novelas, ensayos y guiones con intensa dedicación. Su guion de la película *Hiroshima, Mon Amour* fue nominado para un Oscar en 1959, cuando tenía 45 años.

Marguerite padeció alcoholismo toda su vida adulta. "Cada hora, una copa de vino", compartiría después. A los 68 años, fue obligada a desintoxicarse cuando se le diagnosticó cirrosis en el hígado. Inmediatamente después de este difícil período de recuperación, Marguerite comenzó a escribir *El amante*. A pesar de un coma que duró cinco días, una traqueotomía y otros problemas médicos, la escritora no dejó de trabajar activamente y de publicar varias novelas más antes de su muerte, ocurrida en el año 1996, a los 81 años de edad.

Betty Reid Soskin es la guardabosques más veterana en los Estados Unidos. Con 97 años, es la encargada del parque histórico nacional Rosie the Riveter World War II Home Front, ubicado en Richmond, California, donde lleva trabajando más de una década. Es residente de la bahía de California desde que tenía 6 años. Betty comenzó a trabajar como empleada para un sindicato de caldereros bajo las leyes de segregación racial durante la Segunda Guerra Mundial. Posteriormente, a mediados de la década de 1940, fundó la productora de discos Reid's Records en Berkeley, donde tuvo que soportar el racismo y las amenazas de muerte, siendo una joven ama de casa afroamericana en un suburbio de blancos. En los años 60 se convirtió en activista política, fue una compositora reconocida en el movimiento a favor de los derechos civiles y sirvió como representante de campo para la Asamblea del Estado de California; todo esto, antes de emplearse en el Servicio Nacional de Parques. Betty es una voz respetada en el tema de la conservación histórica de las experiencias de guerra de la comunidad afroamericana. En 2010, el Colegio de Artes de California le otorgó un doctorado honoris causa. En 2015, recibió una moneda presidencial conmemorativa de manos del presidente Obama, y en 2016, recibió la medalla Silver Service Medallion por parte del Museo Nacional de la Segunda Guerra Mundial.

Lisa: Comenzaste tu carrera como guardabosques de un parque nacional hace unos diez años, cuando tenías 85. ¿Cómo te enteraste del puesto y qué fue lo que te hizo querer tomar ese empleo?

Betty: Trabajaba como representante de campo para la Asamblea del Estado de California cuando crearon el parque en mi distrito. Asistí a las juntas de planeación y posteriormente me convertí en una especie de asesora voluntaria informal para el Servicio Nacional de Parques, y luego eso me llevó a convertirme en una guardabosques en funciones.

Lisa: ¿Tuviste que asistir a alguna capacitación especial para ser la guardabosques oficial?

Betty: Definitivamente, no [risas]. Estoy trabajando mucho más allá de mis capacidades. ¡Estoy haciendo cosas para las que nunca me entrenaron!

Lisa: ¿Qué te motiva a ir a trabajar todos los días?

Betty: Dediqué las primeras ocho décadas de mi vida a conocer los puntos y ahora los estoy conectando. Me encuentro en la que supongo que será mi última década, así que todo lo que he aprendido lo estoy usando ahora. Aunque sigo teniendo experiencias nuevas. Me siento una persona que evoluciona, en una nación que también lo hace, en un universo en evolución.

Lisa: ¿Y qué haces cuando vas a trabajar a diario?

Betty: Mi trabajo consiste mayormente en divulgar. En mi auditorio doy entre tres y cinco exposiciones y reproduzco una película de orientación, que hicieron para este parque. Cada parque nacional tiene una película de este tipo, y la nuestra dura unos 15 minutos y trata sobre la historia de la ciudad de Richmond. Al terminar hago un comentario, que contribuye al programa de más o menos una hora. Como la historia es tan multifacética —pues hay muchos relatos en los anales de la nación—, no se puede encapsular en los 15 minutos de la película. Y las narrativas feministas entran en conflicto. Así que desarrollo eso y también lo integro en la complejidad de estos tiempos, lo cual incluye la historia de la comunidad afroamericana.

Lisa: Eres reconocida por dar voz a la conservación histórica de las experiencias de los afroamericanos en la guerra. ¿Qué sacas de tu propia experiencia y la de tu familia para los temas que tratas con los visitantes del parque?

Betty: El parque se inspiró en la historia de Rosie the Riveter, o Rosie, la Remachadora, y como soy una mujer de color, pues no encaja bien conmigo porque considero que es la historia de una blanca. Las mujeres de mi familia han trabajado fuera de sus casas desde la época de la esclavitud. Lo que hago es ver la película que crearon para nosotros, que, por cierto, es muy buena. Y después, cuando termina la proyección, sumo elementos a lo que vimos contando la historia de una mujer de color: la mía.

Mi experiencia se sale de la norma porque, a diferencia de las mujeres blancas que se emanciparon gracias a que Rosie, la Remachadora se integró al trabajo no tradicional, yo fui una niña que creció en la costa oeste, lejos de las hostilidades del sur. Esto quería decir que en 1942 (a mis veintitantos años), cuando empezó la guerra y hubo una gran migración de la cultura negra y blanca del sur hacia California, todo el sistema sureño de segregación llegó con la gente. Así que a diferencia de las mujeres blancas que se liberaron cuando asumieron sus "funciones de Rosie", yo en cambio descubrí mis limitaciones. Trabajaba en la sede de un sindicato segregado, porque estas agrupaciones no estaban racialmente integradas. Por eso mi historia resultó ser una especie de revelación para las personas que no vivieron algo semejante.

Lisa: ¿Qué sientes al compartir tu experiencia en un escenario dos veces a la semana con gente que de otra manera ni siquiera conocería la perspectiva de una mujer de color de tu edad?

Betty: He descubierto que las personas están abiertas a escucharme. Parte de mi exposición consiste en señalar la decepción que me provocó la película porque no incluyeron mi realidad. Mi historia representa quiénes éramos como nación en 1942. Lo que hago es reconocer que comenzamos en este punto, y al señalarlo puedo indicar cuánto hemos avanzado. Esa comparación entre 1942 y la actualidad (pero no desde fuera del círculo, sino desde el interior) es una imagen novedosa para mi público. En 1942, trabajaba como empleada en la sede de un sindicato y luego, hace quince años, me volví la representante de campo de la Asamblea del Estado de California. Eso significa que no es un caso de logro personal, sino de los grandes cambios sociales que han ocurrido en este país en el transcurso de esos años. Así es cómo abordo la historia, mirando hacia el pasado, pero haciendo que la gente la vea en el presente y el futuro.

Lisa: ¿Cuál es tu mensaje sobre el futuro para la gente a quien te diriges?

Betty: Al contarles quiénes éramos en 1942, incluyo las restricciones con las que vivíamos (la segregación y el resto de sus implicaciones), y que Henry Kaiser y su mano de obra constituida principalmente por agricultores fabricó 747 barcos en tres años y ocho meses justo aquí, en sus cuatro parques industriales en la ciudad de Richmond. Y con eso, él literalmente superó la producción del enemigo y ayudó a cambiar el rumbo de la guerra y a traer la paz.

Logramos esa hazaña con un sistema social con graves defectos, y al contar mi historia no hago más que señalarlos. Pero lo que hago después es decir que ahora nuestros hijos y nietos enfrentan la nueva amenaza del calentamiento global y el aumento en el nivel de los océanos y el cambio climático, por lo cual van a tener que igualar y superar la gran movilización que ocurrió en los años 40, y la cual puede compararse con la construcción de la Gran Muralla China o de las pirámides de Egipto. Les digo que a esto se refería el presidente Franklin Delano Roosevelt al hablar del gran "arsenal de la democracia". Y les explico que van a tener que igualar y rebasar dicha movilización para salvar al planeta, y lo tendrán que hacer bajo un sistema social que sigue teniendo defectos. Porque la naturaleza de la democracia es que nunca se quedará quieta, pues no es su finalidad. Cada generación tiene que crearla de nuevo, y el 39 por ciento de votantes en la última elección no augura nada bueno para nuestra capacidad de sostener nuestra forma de gobierno. El sistema de parques nacionales nos permite repasar casi cualquier época de nuestra historia, los lugares heroicos y los contemplativos, las maravillas panorámicas, así como los sitios vergonzosos y dolorosos, con la finalidad de apropiarnos de la historia y procesarla para avanzar juntos hacia un futuro más compasivo. Personalmente, pienso que en realidad ese es el propósito de los parques. Creo que ayudar a crearlo es casi como el santo grial, y poder vivir mi última década ayudando a crear conciencia en el público lo considero una bendición.

Lisa: Tu madre y tu abuela llegaron a vivir más de 100 años, ¿es verdad?

Betty: Sí, mi abuela vivió hasta los 102 años, lo cual quiere decir que yo tenía 27 años, me había casado y era madre cuando ella murió. La conocí como la matriarca de la familia. Y mi madre vivió hasta los 101 años. Entre las tres abarcamos desde las denuncias de Dred Scott por el maltrato que recibió como esclavo y la Guerra Civil, hasta Orlando.

Lisa: Obviamente, tienes buenos genes. Pero ¿hay algo más en tu forma de vivir que aporte a tu longevidad y a tu entusiasmo por la vida?

Betty: He vivido toda mi vida en un completo estado de sorpresa. Como no soy alguien que haga planes, sigo teniendo experiencias nuevas. Sigo preguntándome qué haré cuando crezca.

Lisa: Leí recientemente en tu blog una reflexión sobre tu "nueva normalidad", tu especie de carrera tardía como guardabosques y la creciente atención pública que recibes. ¿Qué haces con todo el alboroto que te rodea en esta etapa de tu vida?

Betty: A veces no es agradable, en parte porque casi parece mentira. Es algo irreal. Perdí mi anonimato y creo que eso siempre me protegió. No sé cómo sentirme al respecto. Pienso que si me hubiera ocurrido antes, quizás habría sido más fácil manejarlo. Es difícil tomarse en serio a estas alturas. Es complicado explicar el hecho de que la celebridad se renueva a sí misma después de un tiempo, que crece por su cuenta y, como tal, es sospechosa. En cierto modo, creo que si

esto hubiera pasado hace veinte años, habría podido lidiar mejor con ella. Pero ahora me resulta muy difícil tomarla en serio.

Lisa: En una entrevista reciente que tuviste con Tavis Smiley en la televisión pública, dijiste: "No vivo en el pasado o en el futuro; mi vida es ahora". Tengo curiosidad de saber: ¿qué significa para ti "vivir en el ahora"?

Betty: Toda mi vida he sido contemporánea de la época en la que he vivido. Estoy trabajando ahora, a mis 95 años de edad, en un mundo que es mucho más joven que yo. No hay guardabosques ancianos. Las únicas personas que me recuerdan la etapa de mi vida en la que estoy son las que llegan en los autobuses de los asilos, y cuando los veo formados, tengo que recordarme que son mis coetáneos.

Lisa: Y estoy segura de que muchos de ellos ¡son más jóvenes que tú!

Betty: Definitivamente. ¡Muchos de ellos lo son! Vivo inmersa en el presente, y siempre lo he estado. No sé cómo vive otra gente, o cómo se compara mi forma de vida con la de otras personas mayores. No me pesa envejecer y nunca he ocultado mi edad. Jamás he hecho algo para detener el proceso de envejecimiento. De verdad puedo ver que esta es mi última década y me siento tranquila con ello.

Lisa: Gracias a la genética, la ciencia y la tecnología, sabemos que la gente vivirá más, llevará vidas más saludables y permanecerán más tiempo en el campo laboral,

TAL VEZ REPRESENTO UNA ALTERNATIVA A ESE SISTEMA QUE VENERA A LA CULTURA JUVENIL.

BETTY REID SOSKIN

contribuyendo de forma significativa. ¿Qué les dirías a aquellas mujeres que son más jóvenes que tú y que quizás estén en una situación similar a la tuya, que están sanas y pueden aportar algo, pero no están seguras de si pueden o deberían hacerlo?

Betty: Creo que como me mantengo en buena forma física, no me he aplicado Botox y no he cedido a ningún tipo de cirugía plástica, y como sigo trabajando cinco días a la semana y estoy completamente entregada a la vida, tal vez represento una alternativa a ese sistema que venera a la cultura juvenil. Quizás es por eso que estoy llamando la atención de la generación de posguerra que ahora tiene en cuenta la posibilidad que acabas de describir, en la que vivir más y abandonar la fuerza laboral a los 65 años no resulta práctico. Es posible que empecemos a considerar la edad de un modo distinto, y quizá yo sea una pionera. Sin duda, no es que yo sea excepcional, no creo que eso sea cierto; más bien, la vida me sigue abriendo puertas. Durante los últimos meses, me he estado sentando frente a una laptop en nuestra sala de conferencias para tener una sesión de Skype con chicos de preparatoria que se encuentran en un auditorio de Eugene, Oregón. Lo haré de nuevo para la feria del Annual Flower Show en Filadelfia, en la que estaré en un panel con otros dos guardabosques en una transmisión para todo el país. ¡Vamos, es una locura! Nunca sé qué me traerán los días o las semanas. Pero no puedo esperar a saberlo.

Creo que hay una oleada de personas que se están aproximando a sus 70 años que se preguntan si deberían retirarse o no, y pienso que el hecho de saberme activa les abre algunas puertas para considerar posibilidades que ni siquiera habían soñado.

También creo que la idea de envejecer es contagiosa, incluso para mí. Hace algún tiempo estaba en entrenamiento en el Gran Cañón de Colorado, y una joven recepcionista del centro de información del Servicio Nacional de Parques me invitó a descender la montaña para ir a Sedona. Me daban curiosidad sus vórtices y quería vivir la experiencia. Recuerdo que descendíamos por el cañón en un auto convertible con la capota abajo; llevaba puestos mis jeans y una camiseta, y estaba verdaderamente emocionada. Nos acercamos al vórtice y había un grupo de ancianos que bajaban de la primera meseta, y por casualidad oí a una mujer que dijo: "Está bien subir, pero al bajar, tienen que sentarse y deslizarse sobre su trasero porque si no se van a marear bastante". De inmediato, en cuanto escuché eso, no pude seguir adelante, porque envejecí. Nunca llegué al vórtice. Sospecho que si no hubiera escuchado esa conversación, habría subido saltando hasta la cima.

AGRADECIMIENTOS

Estoy enormemente agradecida con la gran cantidad de personas que participaron en la creación de este libro. De hecho, contribuyó tanta gente que de cierta manera no siento que sea completamente mío. En primer lugar, quiero agradecer a mi directora de estudio y asistente, Kristin Wilson. Como todo lo que toca, acogió el proyecto con un entusiasmo puro. Investigó durante un sinfín de horas, editó, escribió, reunió permisos, discutió con distintas personas y organizó las reuniones, todo con su fantástica cortesía y organización. ¡Gracias, Kristin, por todo lo que eres y lo que haces para apoyar mis proyectos creativos!

Un enorme y sincero agradecimiento a mi adorada editora de Chronicle Books, Bridget Watson Payne —junto con todos en la editorial—, por continuar creyendo en mí y en mis ideas. Gracias a mi agente literaria, Stefanie Von Borstel, por su continuo apoyo y bondad. Gracias a mi hermana, Stephanie Congdon Barnes, quien escribió varios de los perfiles y me apoyó escuchándome por horas durante la elaboración del libro. Un gran agradecimiento colectivo a todas las entrevistadas y ensayistas, quienes no solo aportaron su tiempo y energía a esta obra, sino también sus inspiradoras historias de perseverancia y alegría. Por último, pero no menos importante, gracias a mi esposa, Clay Lauren Walsh, por tu infinita devoción por mí y por todo lo que busco. Tu amor me da alas.

BIBLIOGRAFÍA

"About Beatrice Wood". Centro de las Artes Beatrice Wood. En <www.beatricewood.com/biography.html>.

"Shihan Keiko Fukuda". Keiko Fukuda Judo Foundation. En <www.keikofukudajudofoundation.org/?page_id=5>.

Adler, Laure. *Marguerite Duras: A Life*. Chicago: University of Chicago Press, 1998.

"Anna Arnold Hedgeman Was a Force for Civil Rights". African American Registry. En <www.aaregistry.org/story/anna-hedgeman-was-a-force-for-civil-rights>.

"Hedgeman, Anna Arnold (1899-1990)". BlackPast.org. En <www.blackpast.org/aah/hedgeman-anna-arnold-1899-1990>.

Cook, Joan. "Anna Hedgeman Is Dead at 90". *The New York Times*, 26 de enero de 1990. En <www.nytimes.com/1990/01/26/obituaries/anna-hedgeman-is-dead-at-90-aide-to-mayor-wagner-in-1950-s.html>.

"Eva Zeisel". Design Within Reach. En <www.dwr.com/designer-eva-zeisel?lang=en_US>.

Eve, Debra. "The Flowering of Mary Delany's Ingenious Mind". LaterBloomer.com. En <www.laterbloomer.com/mary-granville-delany>.

Fitch, Noël Riley. *Appetite for Life: The Biography of Julia Child*. Nueva York: Anchor, 2010.

Fitzpatrick, Tommye. "Vera Wang Says Keep Your Feet on the Ground and Don't Get Ahead of Yourself". *Business of Fashion*, 30 de abril de 2013. En <www.businessoffashion.com/articles/first-person/first-person-vera-wang>.

Garis, Leslie. "The Life and Loves of Marguerite Duras". *The New York Times Magazine*, 20 de octubre de 1991. En <www.nytimes.com/1991/10/20/magazine/the-life-and-loves-of-marguerite-duras.html?pagewanted=all>.

"Grandma Moses Is Dead at 101". *New York Times Obituary*, 14 de diciembre de 1961. En <www.nytimes.com/learning/general/onthisday/bday/0907.html>.

Hamilton, William. "Eva Zeisel, Ceramic Artist and Designer, Dies at 105". *The New York Times*, 30 de diciembre de 2011. En <www.nytimes.com/2011/12/31/arts/design/eva-zeisel-ceramic-artist-and-designer-dies-at-105.html?_r=1>.

"Helen Gurley Brown". Biography.com. En <www.biography.com/people/helen-gurley-brown-20929503#synopsis>.

"Helen Gurley Brown: American Writer". *Encyclopedia Britannica*. En <www.britannica.com/biography/Helen-Gurley-Brown>.

Julia! America's Favorite Chef: About Julia Child. DVD. Dirigido por Marilyn Mellowes. Nueva York: Thirteen/WNET, 2005. En <www.pbs.org/wnet/americanmasters/julia-child-about-julia-child/555>.

Kallir, Jane, et al. *Grandma Moses in the 21st Century*. New Haven, CT: Yale University Press, 2001.

"Katherine G. Johnson". Makers.com. En <www.makers.com/katherine-g-johnson>.

"Katherine Johnson: A Lifetime of STEM". Nasa.gov. En <www.nasa.gov/audience/foreducators/a-lifetime-of-stem.html>.

"Katherine Johnson: The Girl Who Loved to Count". Nasa.gov. En <www.nasa.gov/feature/katherine-johnson-the-girl-who-loved-to-count>.

Laing, Olivia. "Every hour a glass of wine'—the female writers who drank". *The Guardian*, 13 de junio de 2014. En <www.theguardian.com/books/2014/jun/13/alcoholic-female-women-writers-marguerite-duras-jean-rhys>.

Larocca, Amy. "Vera Wang's Second Honeymoon". *New York Magazine*. En <nymag.com/nymetro/news/people/features/15541/index1.html>.

"Laura Ingalls Wilder Biography". *Encyclopedia of World Biography*. En <www.notablebiographies.com/We-Z/Wilder-Laura-Ingalls.html>.

"Laura Ingalls Wilder". Biography.com. En <www.biography.com/people/laura-ingalls-wilder-9531246>.

"Louise Bourgeois: French-American Sculptor". The Art Story. En <www.theartstory.org/artist-bourgeois-louise.htm>.

"Louise Bourgeois. About the artist". MOMA.org. En <www.moma.org/explore/collection/lb/about/biography>.

Lowry, Dave. "The Life of Keiko Fukuda, Last Surviving Student of Judo Founder Jigoro Kano". *Black Belt Magazine*, 12 de febrero de 2013. En <www.blackbeltmag.com/arts/japanese-arts/the-life-of-keiko-fukuda-last-surviving-student-of-judo-founder-jigoro-kano>.

Marguerite Duras: Worn Out with Desire to Write. Video. Dirigido por Alan Benson y Daniel Wiles. 1985. Nueva York: Films Media Group, 1985.

May, Meredith. "Keiko Fukuda — judo master — doc in 2012". *SF Gate*, 25 de julio de 2011. En <www.sfgate.com/entertainment/article/Keiko-Fukuda-judo-master-doc-in-2012-2353236.php>.

McCulloch, Susan. "A Shy Woman of Wild Colours". *The Sydney Morning Herald*, 8 de abril de 2006. En <www.smh.com.au/news/obituaries/a-shy-woman-of-wild-colours/2006/04/07/1143916714321.html>.

Miller, Jo. "Sister Madonna Buder, 'Iron Nun,' Is Oldest Woman to Ever Finish an Ironman Triathlon". *The Huffington Post*, 4 de julio de 2014. En <www.huffingtonpost.com/2014/07/04/iron-nun-triathlon_n_5558429.html>.

"Minnie Pwerle". Directorio de Arte Aborigen. En <gallery.aboriginalartdirectory.com/aboriginal-art/minnie-pwerle/awelye-atnwengerrp-13.php>.

Peacock, Molly. *The Paper Garden: An Artist Begins Her Life's Work at 72*. Toronto: McClelland & Stewart, 2010.

Reichl, Ruth. "Julia Child's Recipe for a Thoroughly Modern Marriage". *Smithsonian Magazine*, junio de 2012. En <www.smithsonianmag.com/history/julia-childs-recipe-for-a-thoroughly-modern-marriage-86160745>.

Rosenberg, Karen. "A Shower of Tiny Petals in a Marriage of Art and Botany". *The New York Times*, 22 de octubre de 2009. En <www.nytimes.com/2009/10/23/arts/design/23delany.html>.

Russeth, Andrew. "'Don't Be Intimidated About Anything': Carmen Herrera at 100". *Art News*, 5 de junio de 2015. En <www.artnews.com/2015/06/05/dont-be-intimidated-about-anything-carmen-herrera-at-100>.

Simmons-Duffin, Selena. "'Cosmo' Editor Helen Gurley Brown Dies at 90". *NPR*. 13 de agosto de 2012. En <www.npr.org/2012/08/13/158712834/cosmo-editor-helen-gurley-brown-dies-at-90>.

"Sister Madonna Buder, 'The Iron Nun'". TriathlonInspires.com. En <www.triathloninspires.com/mbuderstory.html>.

Smith, Roberta. "Beatrice Wood, 105, Potter and Mama of Dada, Is Dead". *The New York Times*, 14 de marzo de 1998. En <www.nytimes.com/1998/03/14/arts/beatrice-wood-105-potter-and-mama-of-dada-is-dead.html>.

Sontag, Deborah. "At 94, She's the Hot New Thing in Painting". *The New York Times*, 19 de diciembre de 2009. En <www.nytimes.com/2009/12/20/arts/design/20herrera.html>.

"The Spider's Web". *The New Yorker*, 4 de febrero de 2002. En <www.newyorker.com/magazine/2002/02/04/the-spiders-web>.

"Vera Wang". Biography.com. En <www.biography.com/people/vera-wang-9542398>.

Whitney, A. K. "The Black Female Mathematicians Who Sent Astronauts to Space". Mental Floss, 1 de

febrero de 2016. En <mentalfloss.com/article/71576/
black-female-mathematicians-who-sent-astronauts-space>.

"Who Is Eva Zeisel?". EvaZeisel.org. En <www.evazeisel.org/
who_is_eva_zeisel.html>.

Wood, Beatrice. *I Shock Myself: The Autobiography of
Beatrice Wood*. San Francisco: Chronicle Books, 2006.

Yardley, William. "Keiko Fukuda, a Trailblazer in Judo,
Dies at 99". *The New York Times*, 16 de febrero de 2013. En
<www.nytimes.com/2013/02/17/sports/keiko-fukuda-99-a-
trailblazer-in-judo-is-dead.html?_r=0>.

CRÉDITOS

Página 7: "La edad me ha dado lo que estuve buscando toda
mi vida: me ha dado a mí misma. Me ha brindado tiempo y
experiencia, fracasos y triunfos, y amigos que han pasado
la prueba del tiempo y me han ayudado a asumir mi forma
actual. Ahora quepo en mí. Por fin tengo una vida orgánica,
y no necesariamente la que otros habían imaginado para mí,
o que intentaron que llevara. Tengo la vida que anhelaba.
Me he convertido en la mujer que ni siquiera imaginaba
que podría llegar a ser", Anne Lamott. Extracto(s) de *Plan
B: Further Thoughts on Faith*, de Anne Lamott, copyright ©
2005 de Anne Lamott. Utilizado con el permiso de Riverhead,
un sello de Penguin Publishing Group, división de Penguin
Random House LLC. Todos los derechos reservados.

Página 14: Pintura de Beatrice Wood basada en una fotografía
de Tony Cunha. Copyright © Centro de las Artes Beatrice
Wood.

Página 22: Pintura de Vera Wang basada en una fotografía de
Christopher Peterson.

Página 28: Pintura de Louise Bourgeois basada en una fotografía de Chris Felver.

Página 40: Pintura de Keiko Fukuda basada en una fotografía
de Arik-Quang V. Dao, del San Jose Buddhist Judo Club.

Páginas 60-61: "Estamos envejeciendo, nos hacemos más
sabias y somos más libres. Y cuando sumas la sabiduría y la
verdad, entonces te liberas y tienes poder. Y luego... ¡cuidado!
¡Mucho cuidado!". Tomado de "A Conversation with Melissa
Etheridge", de Marianne Schnall en Feminist.com. Utilizado
con el permiso de la autora.

Página 74: "Las flores ignoran si abren en temporada o después. Lo hacen en el momento justo", Debra Eve. Fragmento
del artículo "What's Wrong with the Term 'Later Bloomer'?".
Laterbloomer.com. Utilizado con el permiso de la autora.

Página 82: Pintura de la hermana Madonna Buder basada
en una fotografía de J. Craig Sweat.

Página 94: Pintura de Carmen Herrera basada en una fotografía de Adriana Lopez Sanfeliu.

Página 114: Pintura de Eva Zeisel basada en una fotografía
de Talisman Brolin.

Páginas 128-129: "Quizás la gente llame "crisis" a lo que
sucede en la mediana edad, pero no lo es. Más bien es una
revelación... Es un momento en el que sientes un llamado
urgente para vivir la vida que quieres, no la que se "supone"
que debes vivir. La revelación es un momento en el que el
universo te desafía a que dejes ir lo que crees que eres para
que asumas quien eres en realidad", Brené Brown. Fragmento
de *The Gifts of Imperfection: Let Go of Who You Think You're
Supposed to Be and Embrace Who You Are*, de Brené Brown.
Utilizado con el permiso de la autora.